# CAISSE GÉNÉRALE DES CHEMINS DE FER

ASSEMBLÉE DES ACTIONNAIRES

**du 16 Juillet 1864**

RAPPORT DE

# M. J. MIRÈS

PARIS. IMP. VALLÉE, 15, RUE BREDA

# CAISSE GÉNÉRALE DES CHEMINS DE FER

---

ASSEMBLÉE DES ACTIONNAIRES

du 16 Juillet 1864

RAPPORT

# DE M. J. MIRÈS

PARIS
IMPRIMERIE VALLÉE, 15, RUE BREDA

—

1864

Paris, le 16 juillet 1864.

Au moment où l'assemblée allait s'ouvrir, les Commissaires des actionnaires de la Caisse générale des chemins de fer apprenaient, par Son Excellence le ministre de la justice, la bienveillance du gouvernement à l'égard de mes malheureux associés; j'ai craint de nuire à ces bonnes dispositions par l'exposé public de mes griefs contre MM. Bordeaux et Richardière, exposé qui aurait pu soulever des susceptibilités dans le corps des juges consulaires; pour ce motif, j'ai renoncé à lire à l'assemblée plusieurs parties du rapport que j'avais préparé.

Mais cette réserve, dictée par un esprit de conciliation et par mon dévouement pour mes actionnaires, serait coupable, à un autre point de vue, si je laissais ignorer à l'administration supérieure de la justice, la façon dont ses délégués, étrangers du reste à la magistrature, accomplissent leur mandat.

Depuis que les malheurs se sont abattus sur moi, j'entends s'élever de toutes parts des plaintes contre les experts et arbitres attachés aux tribunaux. Leur parti pris, leur partialité, le laisser aller de leur gestion, compromettent évidemment la dignité de la justice.

Aussi, est-ce dans l'intérêt de tous, que je crois devoir adresser aux magistrats et aux juges du Tribunal de commerce, mon rapport tel qu'il devait être lu.

Si, en faisant la lumière sur la direction donnée à mes affaires, je pouvais amener une amélioration dans certains rouages administratifs, mes malheurs du moins, n'auraient pas été inutiles pour la bonne administration de la justice en France.

J. MIRÈS.

# CAISSE GÉNÉRALE DES CHEMINS DE FER

## ASSEMBLÉE DES ACTIONNAIRES

**du 16 Juillet 1864**

RAPPORT DE

# M. J. MIRÈS

MESSIEURS,

Lorsque, le 6 février dernier, vos acclamations si sympathiquement unanimes adoptaient les propositions que j'avais eu l'honneur de vous soumettre, qui donc eût pu supposer que cette manifestation resterait stérile pour vos intérêts? Cependant rien n'est changé dans la situation de notre Société, et l'ostracisme qui pèse sur moi n'a pas cessé. Votre capital de 50 millions est toujours à la disposition de deux liquidateurs qui, non contents de ne rendre aucun compte, s'efforcent, avec un déplorable succès, de perdre ce qu'ils ont compromis. Ils me suscitent des embarras qui aggravent incessamment le mal ; ils créent des entraves qui ont pour effet d'amoindrir notre actif disponible.

En vertu de quels droits agissent-ils? Notre Société est-elle en faillite? Non. — Notre Société a-t-elle des créanciers? Non. — Une condamnation quelconque pèse-t-elle sur votre gérant? Non. — A-t-il du moins commis un acte blâmable? Nul désormais n'oserait le dire. — A-t-il perdu votre confiance? Vous avez répondu : Non.

Pourquoi donc des liquidateurs? L'arrêt souverain de la Cour de Douai met fin à leur mission en ces termes formels :

« Ordonne la mainlevée de la saisie des registres,
» livres, correspondance et papiers, faite soit à la
» Caisse des Chemins de fer, soit au domicile de Mirès,
» soit ailleurs;

» Ordonne que le tout lui sera remis sans frais. »

En présence de cet ordre souverain, comment les liquidateurs sont-ils restés et restent-ils en possession de notre actif et de nos livres? Je pourrais le dire, mais vos intérêts ne le permettent pas. Je ne poursuis qu'un but : je voudrais sauver votre capital en faisant valoir, sans colère et sans faiblesse, vos droits si étrangement méconnus.

Je me borne donc à protester contre une situation qui blesse la raison, la morale, l'équité, et qui lèse également vos droits et le respect dû aux arrêts de la justice.

# PREMIÈRE PARTIE

## § I

Je veux d'abord établir fortement, Messieurs, qu'il n'y eut jamais de malheur plus immérité que le vôtre.

En tout temps des crises financières ont éclaté et ont entraîné des ruines : mais c'est la première fois qu'on a vu périr en pleine prospérité une société puissante, dont les opérations, bornées aux entreprises d'utilité publique et aux emprunts d'État, avaient été si sagement conçues et si prudemment conduites, que les financiers les plus considérables se sont empressés de les reprendre, et qu'elles ont contribué à la fortune des établissements qui en ont hérité.

Quand les poursuites ont commencé, la foule s'entassait dans nos bureaux pour souscrire à l'Emprunt ottoman ; et tel était le crédit de notre signature sociale, que 12 millions de traites à 90 jours, tirées sur J. Mirès et Cie, apportées à Londres le 14 décembre 1860, par le courrier de Constantinople, étaient escomptées en un instant à 2 pour 100 par an !

J'ai voulu bien constater cette situation générale de notre Société parce qu'elle est la base de vos droits. Vos droits ne pourraient être affaiblis que si votre capital avait été dissipé ou si votre gérant, infidèle à ses devoirs, avait trompé votre confiance ou commis des actes abusifs.

## NOTRE CAPITAL SOCIAL

### § II

Privé de mes livres, exclû de la Liquidation, en état d'hostilité avec des Liquidateurs, qui méconnaissent vos véritables intérêts, je n'ai pu longtemps qu'affirmer l'intégralité du capital social, et protester contre toute déclaration contraire. Mais, grâce à la Commission que vous avez nommée, j'ai obtenu la constatation que je recherchais et qui est si importante pour vous.

Vos Commissaires, aussitôt entrés en fonctions, ont signifié leur mission aux liquidateurs Bordeaux et Richardière, leur déclarant qu'ils étaient premièrement chargés de constater le véritable état de notre société en décembre 1860.

Les Liquidateurs ont reconnu que le bilan de l'exercice 1860, présenté à l'assemblée du 28 janvier 1861 était exact.

Or ce bilan, déduction faite du dividende de 25 francs par action, se soldait par un actif net de.......................... 52,461,698 fr.

A notre assemblée du 6 février dernier, j'ajoutais à cet actif le montant de mon compte créditeur, s'élevant à.......................... 6,939,348

Ensemble... 59,401,046 fr.

Après avoir indiqué ces chiffres, mon rapport vous disait :

« Voilà l'actif dont nous avons à demander compte;
» voilà les sommes que nul n'a le droit de dissiper
» impunément; voilà la base de vos droits et des
» miens, les points essentiels dont nous ne devons ja-
» mais nous écarter. »

Mes chiffres et mon langage sont confirmés. Aucun doute n'est plus possible sur ce point essentiel : Votre capital était intact lorsque les poursuites ont commencé.

## § III

Pour établir vos droits à une réparation, cette démonstration devrait suffire. Toutefois si, durant ma laborieuse gestion, j'avais manqué à mes devoirs, trompé votre confiance ou commis des actes répréhensibles, vos droits pourraient être amoindris.

En est-il ainsi ?

Vous le savez, Messieurs, trahi par le confident obligatoire de tous les secrets sociaux, par le Chef de la comptabilité; trahi par certains hommes initiés à tous les actes de ma vie et de mes affaires, nulle circonstance n'a échappé à l'attention de mes ennemis. Qu'y a-t-il de prouvé? Il y a de prouvé, que je n'ai jamais oublié mes devoirs, ni méconnu vos intérêts, ni fait un acte blâmable. La haine s'est exercée contre moi avec un acharnement implacable et intéressé : elle n'a pu faire jaillir un seul reproche dont j'aie à rougir.

Cependant j'ai été frappé par les tribunaux de Paris, et l'opinion, ne pouvant croire à une erreur de la justice, s'est attachée à l'unique fait qui a servi de base aux condamnations.

Ce fait unique, si souvent et si habilement allégué, pèse encore sur moi, c'est-à-dire sur vous ; il est le prétexte de nos adversaires ; il faut donc l'aborder de front, l'examiner de près et en finir avec cette question. Il s'agit de ce qu'on appelle

## LES EXÉCUTIONS

## § IV

Pendant près de dix ans, notre Société a donné aux valeurs mobilières non spécialisées par des numéros, le caractère d'espèces ou de billets de banque, et les a reçues en comptes courants. Ce système s'exerçait publiquement chez nous comme ailleurs. Dix mille clients ont usé des facilités qu'il créait, sans que jamais aucune réclamation ait été faite, sans qu'un seul préjudice ait été éprouvé.

Les tribunaux de Paris ont jugé que le caractère de *compte courant* n'était pas suffisamment indiqué sur nos récépissés et que dans la pensée des clients il y avait *nantissement.*

Cette décision leur a été suggérée par la comptabilité secrète et fantastique de l'expert Monginot, lequel avait signalé de simples *remises de titres* comme des *ventes.* En rapprochant de ces prétendues ventes le cours de la Bourse au jour où les titres étaient restitués, l'expert a conclu que les clients avaient éprouvé un préjudice. De sorte que le juge d'instruction, ne pénétrant pas le procédé étrange de l'expertise, a prévenu les clients que leurs titres avaient été vendus à telle époque, avaient produit telles sommes, et qu'eux, propriétaires, se trouvaient avoir été frustrés, puisque, disait le juge d'instruction, *la Caisse était engagée envers eux par un contrat de nantissement.*

Toutes ces indications du juge étaient erronées, complétement erronées. Elles reposaient sur les termes de l'annexe principale de l'expert Monginot, pièce dont je n'avais pas eu communication et qui était restée inconnue de mes défenseurs. Nous subissons douloureusement, Messieurs, cette conséquence des expertises secrètes en matière criminelle !

La Cour de Douai, par son arrêt réparateur du 21 avril 1862, a donné au fait qui m'était reproché son véritable caractère. Mais un très-grave événement judiciaire est survenu, qui a atteint moralement cet arrêt souverain. Je veux parler de l'arrêt de la Cour de cassation, *dans l'intérêt de la loi.*

Par cet arrêt, si les faits qu'il qualifie sont bien appréciés, il est évident que vos gérants auraient commis, *pour votre compte*, *un abus de dépôt* ou de *nantissement.* Dès lors les poursuites exercées contre eux auraient en apparence quelque fondement : ils pourraient être considérées, à la rigueur, comme la cause involontaire de votre ruine.

Par suite aussi, sans que votre malheur soit moins réel, la puissance de vos réclamations serait affaiblie. Il est évident que si vos gérants étaient en faute, vous n'auriez plus les mêmes droits à une réparation.

Vous voyez, Messieurs, l'importance de cette question, et combien il est essentiel que le seul grief qui ait survécu devant la justice soit anéanti : c'est ce que je compte faire avec une irrécusable évidence.

## § V

Avant d'aborder la question controversée du *compte courant* appliqué aux valeurs mobilières au porteur, je devrais peut-être examiner ici le caractère de ces richesses dans les sociétés modernes, et faire ressortir la grandeur qu'elles ont si rapidement développé en France avant le système restrictif qui a été adopté ; je ne le ferai point, je me bornerai à vous rappeler que j'avais pressenti les erreurs possibles de l'opinion à ce sujet, et que dès le mois de septembre 1857, je vous offrais ma démission.

Je ne craignais rien, parce que je n'avais rien à me reprocher ; mais je voyais naître une violente réaction contre les hommes et contre les affaires. L'attaque éclatait partout très-ardente, et je savais déjà qu'il y a des moments où l'opinion ne veut rien entendre et n'entend rien. Dans l'intérêt des affaires, je trouvais bon d'effacer l'homme qui avait eu le tort de les mener avec succès. Il y a peu de torts que l'on pardonne moins.

Vous n'avez pas vu comme moi.

Obéissant à l'unanimité de vos vœux, je suis resté à la tête de l'établissement que vous aviez fondé.

L'avenir a justifié mes appréhensions et bien au delà de ce que j'avais redouté ! Mais ni la fougue de l'opinion, ni rien de ce qui est arrivé, ni l'erreur, si elle subsiste encore, ne me fera regretter, encore moins condamner le système de compte courant que pratiquait la Caisse des chemins de fer. Encore à l'heure actuelle, ce système me paraît sage et équitable en toutes ses parties. Reportons-nous un moment aux commencements de notre Société.

## § VI

En 1849, quand le trouble social agitait la France, les valeurs mobilières n'existaient pour ainsi dire plus : les actions des chemins de fer n'étaient pas libérées; des versements très-considérables restaient à opérer, et les travaux demeuraient presque partout suspendus. Les Compagnies se réunirent et créèrent le Sous-Comptoir des chemins de fer, afin de faciliter les versements, procurer des ressources aux porteurs d'actions.

Cette création indique l'état du crédit en France à l'époque que je rappelle. Il avait été émis, sans précaution aucune, des centaines de millions de valeurs ; dès la première crise, tout s'était effondré.

Le Sous-Comptoir des chemins de fer facilita les versements, la reprise des travaux, releva le moral des actionnaires. La confiance revint.

J'ai la satisfaction de pouvoir dire que dans ce travail de reconstitution du crédit et de la confiance, je n'ai pas été inutile, grâce au *Journal des chemins de fer,* que je dirigeais.

N'oubliez pas, Messieurs, qu'en 1849 il n'y avait en France ni valeurs de crédit proprement dit, ni actions de chemins de fer étrangers ; par conséquent l'établissement que l'on avait formé était spécialement affecté aux actions des chemins de fer français.

Il n'en était plus ainsi dans les années suivantes, et

en 1853 la Société du Crédit mobilier existait ; des valeurs nouvelles se créaient sous l'impulsion de la prospérité publique.

En 1855 et 1856, apparaissaient à la Bourse de Paris la Société des chemins de fer autrichiens, puis les chemins espagnols, russes, lombards, italiens, etc., etc.

Il en était de ces entreprises comme il en avait été pour les chemins français en 1849, il n'y avait aucun établissement qui leur vînt en aide.

Dans cet abandon général, notre Société seule offrait des facilités aux actionnaires de ces entreprises ; aussi la plupart des valeurs qui nous étaient remises en comptes courants, étaient-elles des actions de sociétés financières, des chemins autrichiens, lombards, etc., valeurs au moyen desquelles on ne trouvait d'avances dans aucun autre établissement que le nôtre.

Ainsi, Messieurs, l'utilité de votre établissement ne peut être contestée, et, je le dis hautement, le système de compte courant pratiqué par nous, et si amèrement critiqué, était un bienfait pour l'industrie.

Au point de vue de la sécurité, les emprunteurs avaient-ils des garanties dans notre société? Oui, son capital, complétement réalisé, était de cinquante millions.

Au point de vue des frais payés par les emprunteurs, les avances étaient-elles faites à des conditions favorables? Oui; l'intérêt était à 5 pour 100, et comme généralement le dividende dépassait le taux de l'intérêt, il en résultait que notre Société procurait ou laissait faire un bénéfice réel à ses emprunteurs.

Sous tous les rapports, notre établissement était donc un bienfait pour l'industrie comme pour les porteurs de titres ; il remplissait une lacune puisque, je le répète, pour les valeurs diverses que j'ai signalées, nulle société n'était *alors* constituée pour aider les actionnaires.

## § VII

Je n'examinerai pas ici le caractère des valeurs mobilières au porteur non spécialisées par des numéros ; je me bornerai à rappeler que la Cour de cassation, par son arrêt du 15 avril 1861, les a assimilées à toutes autres valeurs fongibles, même aux espèces en argent ; par conséquent, aux termes mêmes de la jurisprudence de la Cour de cassation, les valeurs mobilières au porteur pouvaient être la base d'un compte courant.

Ces sortes de comptes courants sont-ils conformes à l'usage commercial ?

— Oui, Messieurs. Ces comptes courants existent dans toutes les maisons de banque ; ils existent chez MM. de Rothschild comme au Crédit mobilier et chez tous les agents de change.

Dans une brochure que j'ai publiée au mois de juin 1862, j'ai signalé deux faits, l'un relatif au Crédit mobilier, l'autre concernant M. de Rothschild, qui attestent la vérité de mes déclarations.

Ces faits n'ont pas été démentis.

Dans cette brochure, je disais encore que chez les agents de change le même système de comptes courants était adopté : j'ai dans les mains des pièces qui le prouvent péremptoirement.

Nul n'ignore que chez les banquiers comme chez les agents de change, il vient chaque jour des clients qui font acheter des valeurs à la Bourse, et qui ne versent qu'une partie de la somme nécessaire pour solder leurs achats.

Il en résulte que le client est crédité d'abord de la somme qu'il a versée, ensuite des titres achetés pour son compte.

Par contre, il est débité de la somme payée pour opérer l'acquisition.

Voilà le compte courant établi absolument comme à la Caisse générale des chemins de fer.

A qui appartiennent les titres ?

Évidemment au banquier, à l'agent de change, tant qu'ils n'auront pas été soldés de l'intégralité de la somme déboursée, ou tant qu'ils n'auront pas remis à leurs clients les *numéros des titres, qui, ainsi individualisés, cessent d'être une chose fongible, une valeur assimilable aux espèces,* comme le dit la Cour de cassation pour les valeurs non spécialisées.

Il n'y a évidemment aucune différence entre ce compte courant et celui qui était ouvert par la Caisse générale des chemins de fer aux clients qui empruntaient sur titres, et auxquels on remettait un récépissé sans indication de numéros.

Notre système de compte courant était donc conforme à l'usage.

Veuillez remarquer, Messieurs, qu'en dehors des titres remis en compte courant, nous avions aussi une *caisse de dépôts*, c'est-à-dire une caisse spéciale pour les titres, en échange desquels *on délivrait des récépissés contenant la mention des numéros.*

Ces *titres*, Messieurs, *tous au porteur*, et qui représentaient des sommes considérables, n'ont jamais fait partie des valeurs du portefeuille, et sont restés dans la caisse des dépôts, *uniquement parce que les récépissés délivrés aux clients comprenaient les numéros*, et prenaient, par ce fait seul, le caractère d'un dépôt.

Et voyez, Messieurs, à quelles erreurs les hommes les plus éminents peuvent être entraînés, puisque, à l'occasion des dépôts à notre caisse, M. le Garde des Sceaux, dans sa lettre de mai 1862, à M. le procureur général Dupin, disait.

« L'arrêt de la Cour de Douai a constaté en fait, que
» certains clients avaient déposé des *titres nominatifs*,
» pour lesquels la Caisse percevait un droit de garde,
» et dont elle a simplement, et *l'on peut ajouter for-*
» *cément respecté le dépôt.* »

Des titres nominatifs! M. le garde des sceaux a été trompé : ces *titres étaient tous au porteur!*

Au point de vue de la légalité, pouvait-on raisonnablement faire un reproche quelconque à ces comptes courants?

Les statuts de notre Société, du 15 juin 1853, rédigés

par l'ancien gérant de notre Société, M. Blaise, énuméraient à l'article 4 les opérations de la Société, et mentionnaient sous le paragraphe 5 « les avances en compte courant, ou sur dépôt de garantie et de *nantissement.* »

Les statuts, modifiés en 1856, lorsque le capital a été porté à 50 millions, ont fait disparaître cette mention *d'avance sur nantissement.*

Dès lors les avances sur *nantissement* ne faisaient plus partie du cadre des opérations sociales. — C'est cependant en donnant ce caractère aux *comptes courants* qu'on est arrivé aux erreurs judiciaires dont nous avons tant souffert.

Dans d'autres circonstances on aurait tenu compte de cette modification dans nos statuts ; elle aurait exercé une influence radicale, parce qu'en effet la différence qui existe entre un *compte courant* et un *nantissement* est immense.

Vous allez juger, messieurs, de cette différence :

Par le contrat de *compte courant,* le prêteur, dans le cas de la faillite de l'emprunteur, n'a aucun privilége; les titres en compte courant rentrent dans la masse des créanciers du failli.

Par le contrat de *nantissement,* au contraire, le prêteur est protégé et la masse des créanciers est sans droit.

Par le *compte courant,* si le titre a été volé ou incendié, il disparaît ou périt pour le compte du prêteur.

Par le contrat de *nantissement,* le vol ou l'incendie, est pour le compte de l'emprunteur.

Ainsi, quel que soit l'aspect sous lequel on envisage le contrat de compte courant, il est entièrement au désavantage du prêteur et complétement favorable à l'emprunteur.

On s'étonne à bon droit, en présence de faits qui attestent l'honorabilité de nos entreprises, de nos opérations et de notre gestion, qu'on ait pu insérer dans des décisions judiciaires les accusations formulées contre le caractère de notre Société :

« Qui aurait eu (dit le jugement du 11 juillet 1861) » des pratiques subversives de toute règle et de tous » droits, et non moins contraires aux saines maximes » d'une industrie et d'un commerce régulier qu'à la » morale et qu'à la loi. »

Voilà comment, Messieurs, sous l'empire des émotions du moment, on traduisait le système des comptes courants, dont j'ai cru devoir vous exposer le mécanisme si loyal, si utile et si parfaitement conforme à l'usage.

Mais la Cour de Douai, par son arrêt souverain du 21 avril 1862, a rétabli la vérité, prouvé l'honorabilité de notre gestion et rassuré tous les esprits, que cette décision judiciaire avait profondément inquiétés.

## § VIII

J'arrive maintenant à l'acte dénoncé par les sieurs de Pontalba et Barbet-Devaux, acte dont l'examen approfondi atteste précisément la loyauté absolue de vos gérants.

A la fin d'avril et dans les premiers jours de mai 1859 la guerre survenait en Italie. L'Empereur voulait chasser les Autrichiens des Alpes à l'Adriatique, et ce programme, si on avait persisté à l'exécuter complétement, pouvait entraîner la guerre générale.

La plupart des titres qui nous étaient remis en compte courant étant des actions de sociétés financières ou des chemins autrichiens, lombards, etc., etc., la dépréciation qui pouvait atteindre ces valeurs était énorme.

Ces préoccupations de mon esprit étaient-elles réelles ? Les opérations qui étaient engagées en sont l'indication précise.

Qu'on vérifie nos livres et l'on reconnaîtra que, dans ce même moment, toutes les opérations de notre Société étaient à la baisse.

Quant aux affaires engagées pour le compte personnel de votre gérant, elles étaient également à la baisse.

Ainsi nul ne peut contester ce point, essentiel pour l'appréciation morale des faits, que la conviction de la gérance était conforme à ses actes, lorsque, sous l'empire des prévisions les plus fâcheuses, elle prit, les 30 avril, 2 et 3 mai 1859, la résolution de liquider d'office les clients en compte courant, avant qu'une baisse plus forte n'aggravât leur situation.

N'oubliez pas, Messieurs, que nos clients avaient en votre gérant une si grande confiance, que la plupart lui laissaient la faculté d'agir au mieux de leurs intérêts,

De sorte que, la baisse ayant continué jusqu'au 7 mai, les clients étaient généralement satisfaits. Quant à ceux qui, par exception, étaient mécontents, ils rentraient dans leurs valeurs, et en soldant leur compte, la vente opérée était annulée sans difficulté.

A l'occasion de cet acte, on a reproché à vos gérants de n'avoir pas fait de mise en demeure préalable.

Je le dis bien haut, l'absence de mise en demeure est la preuve la plus évidente de la bonne foi qui a dominé dans cette opération, puisqu'en ne faisant pas de mise en demeure, en liquidant les clients d'office et sans autorisation, la vente ne les liait pas. Ils en profitaient si la baisse continuait, tandis que si la hausse survenait, ils avaient le droit de répudier la vente et de revendiquer leurs titres.

Ainsi, sous aucun point de vue, l'opération critiquée ne pouvait être nuisible aux clients; elle n'était fâcheuse ou dangereuse que pour notre Société.

Tout cela aurait été éclairci, démontré jusqu'à l'évidence, si j'avais eu connaissance de l'expertise Monginot, si j'avais été appelé à fournir les renseignements nécessaires; malheureusement l'expert n'a eu pour guide que le sieur Barbet-Devaux.....

Notre malheur a été aggravé par le refus de l'expertise contradictoire que j'ai si instamment et si inutilement demandée; expertise pourtant qui n'a pas paru nécessaire à la Cour de Douai, en présence des documents que j'avais mis sous ses yeux.

Si l'expertise contradictoire avait été accordée, ni notre Société ni votre gérant n'auraient pu être poursuivis jusque dans l'enceinte de la Cour de cassation par cette allégation radicalement fausse de l'expert Monginot, « que notre Société avait fait un bénéfice » de deux millions à l'occasion de la liquidation d'of- » fice des clients, les 30 avril, 2 et 3 mai 1859. »

L'examen contradictoire aurait prouvé que la perte sur les comptes courants s'est élevée pour notre Société à près de trois millions !...

Quant à l'intérêt personnel de vos gérants, désormais nul n'ose plus les accuser à cet égard ; car il résulte même des arrêts de la Cour impériale de Paris qu'ils étaient complétement désintéressés dans cette mesure, purement administrative, de la liquidation d'office.

## § IX

Actuellement que la lumière est faite, on cherche avec étonnement sous quel prétexte, pour quel motif cette liquidation, faite en 1859, qui n'avait soulevé aucune plainte pendant plusieurs années, a pu devenir, en 1861, la source des malheurs qui nous ont atteint et qui nous oppriment encore.

Personnellement, j'aurais intérêt à éclaircir ce mystère. Je me le défends ; je me défends tout ce qui pourrait faire obstacle aux réparations que vous avez lieu d'espérer, lorsqu'il est clair que vous avez le droit de les demander.

Sans doute le système judiciaire qui nous régit ne nous donne pas le droit d'intenter une action; mais si une législation imparfaite nous interdit les réclamations légales, il nous reste la justice du gouvernement. C'est pourquoi, Messieurs, avec les sentiments de la plus grande confiance, vos représentants se sont adressés là où ils étaient assurés de trouver la rectitude du jugement et la bonté du cœur.

D'abord vos Commissaires ont adressé à l'Empereur la lettre suivante :

*A Sa Majesté l'Empereur Napoléon III.*

« Sire,

» Le 6 février dernier, l'assemblée des actionnaires de la » Caisse des chemins de fer nous a chargés de présenter une » pétition à Votre Majecté.

» Avant d'accomplir cette mission, nous avons désiré » connaître la vérité sur les diverses déclarations de » M. Mirès. A cet effet, nous avons constitué un tribunal » arbitral composé d'hommes éminents par leur caractère, » comme par leurs connaissances.

» Il résulte de leur décision et des vérifications aux- » quelles nous nous sommes livrés, que M. Mirès n'a altéré » en rien la vérité et qu'il mérite la confiance et la sympathie » dont il a été l'objet de la part des actionnaires. Forts de

» cette conviction, nous avons l'honneur de vous demander
» une audience pour appuyer la pétition signée par les
» actionnaires.

» Nous nous permettons, Sire, de faire remarquer à
» Votre Majesté, que les actionnaires de cette société se
» composent en général de familles pauvres, dont toute la
» fortune était représentée par des actions de la Caisse géné-
» rale des chemins de fer.

» Si, pour nous entendre, Votre Majesté ne pouvait dis-
» traire un moment de ses grandes et nombreuses occupa-
» tions, nous prions Votre Majesté de vouloir bien nous
» faire connaître à qui nous devons nous adresser pour
» faire parvenir à Votre Majesté, le vœu des malheureux
» actionnaires.

» Daignez agréer, Sire, l'expression des sentiments avec
» lesquels nous sommes, de Votre Majesté,
» Les très-humbles, très-obéissants et très-fidèles sujets :

« Cocteau,
« Vicomte Ogier d'Ivry,
« L. Bret,
« Vicomte de Peyronnet,
« Tassin,
« Judlin. »

Puis ensuite ils ont, conformément à la volonté de Sa Majesté, remis votre pétition à M. le duc de Bassano.

De mon côté je me suis adressé en ces termes à nos augustes souverains :

*A Sa Majesté l'Empereur Napoléon III*

« 18 juin 1864.

» Sire,

» Les actionnaires de la Caisse générale des chemins de » fer implorent votre justice. Les Commissaires qui les re- » présentent, en se joignant à eux, ont signalé ce fait désor- » mais hors de toute discussion : leur capital de 50 millions » était intact lorsque ont commencé les poursuites provo- » quées par la dénonciation Pontalba.

» Je supplie Votre Majesté de considérer que ce capital de » 50 millions appartient à plus de cinq mille familles, gé- » néralement si peu fortunées, que la perte qu'elles éprouvent » constitue pour la plupart une ruine absolue.

» Quand même la justice ne protégerait pas la cause que » je défends, ce malheur est si grand et il engendre tant de » souffrances imméritées, qu'il serait digne encore de pro- » voquer la bonté ordinaire de l'Empereur.

» Sire, cette catastrophe a emporté ma fortune et j'ai » éprouvé des douleurs plus grandes ; mais je ne demande » rien pour moi.

» Témoin, confident des malheurs sans nombre enfantés » par le procès que j'ai subi, je voudrais contribuer à les » réparer.

» Cette œuvre de réparation serait déjà accomplie, bien » des larmes auraient cessé de couler, si l'opération que » j'avais préparée en mai 1862 n'avait pas été entravée

» par le gouvernement de Votre Majesté, encore preoccupé » des fausses accusations élevées contre moi avec tant d'art » et de bruit.

» Aujourd'hui que la lumière est faite, maintenant qu'il » est notoire que les 50 millions de mes actionnaires n'ont » été engloutis que par des poursuites sans fondement, j'ose » demander de nouveau la liberté, qui me permettra de tra- » vailler à reconquérir ce capital dont j'ai cessé d'être res- » ponsable.

» C'est la grâce que je sollicite de Votre Majesté, et j'attends » sa décision avec confiance et résignation.

» Daignez agréer, Sire, l'expression des sentiments ave » lesquels j'ai l'honneur d'être,

» de Votre Majesté,

» Le très-humble et très-obéissant serviteur et sujet,

» J. MIRÈS. »

*A Sa Majesté l'Impératrice*

« 18 juin 1864.

» Madame,

» Aucune affaire n'est étrangère à votre esprit, et surtout » aucune douleur n'est étrangère à votre cœur. C'est pour- » quoi j'ose appeler votre intérêt sur une affaire qui a été

» pour un grand nombre de vos sujets une source d'im-
» menses douleurs.

» La chute de la Caisse générale des chemins de fer a » ruiné des milliers de famille, qui ne possédaient d'autre » fortune que le capital qu'elles avaient engagé dans cet éta- » blissement. Cependant rien ne justifiait la catastrophe; » il est avéré désormais que le capital de 50 millions était » intact lorsque les poursuites ont commencé. Ce sont ces » poursuites, provoquées par la calomnie, qui ont amené cette » immense ruine.

» Pour moi, Madame, j'ai été plus que ruiné et j'ai souffert » plus qu'on ne peut souffrir d'une ruine matérielle, mais » je savais que mes actionnaires ne m'accusaient pas, qu'ils » me gardaient leur confiance et que l'estime publique me » serait rendue.

» Maintenant qu'il est connu que ce n'est pas sur moi que » pèse la responsabilité des ruines, je sollicite une grâce du » gouvernement de l'Empereur, c'est de me dévouer à les » réparer. Je crois que je le peux, si nulle entrave n'est ap- » portée à mes efforts.

» Les actionnaires et leurs représentants ont adressé leur » requête à l'Empereur. Si Votre Majesté daignait inter- » venir pour une cause si juste et que l'humanité recom- » mande, le succès serait complet, et de tous les points de la » France un concert de prières s'élèverait vers le ciel pour » le bonheur de Votre Majesté.

» Daignez, agréer, Madame, l'expression des sentiments » avec lesquels j'ai l'honneur d'être,

» de Votre Majesté,

» Le très-humble et très-obéissant serviteur et sujet,

» J. MIRÈS. »

## § X

Ma confiance ne repose pas seulement sur les sentiments de bienveillance que nous invoquons, elle repose encore sur des considérations d'un autre ordre.

Jamais le gouvernement n'est resté indifférent à aucun grand malheur. En mainte circonstance, à Lyon, par exemple, l'Empereur lui-même a voulu payer de sa personne, et après avoir donné l'exemple du courage, il a donné celui de la charité. Notre catastrophe a été, pour la plupart d'entre vous, pire qu'une inondation ou qu'un incendie, et n'a pas été plus méritée.

Mais je rappellerai des faits d'une nature plus spéciale et qui démontreront avec quelle sollicitude, dans d'autres circonstances, les intérêts des actionnaires ont été préservés. Voyez, par exemple, ce que l'on a fait pour les actionnaires des chemins de fer de Bordeaux à Cette, de Lyon à Avignon, de Lyon à Genève, enfin pour les chemins du Dauphiné.

Les chemins de Bordeaux à Cette et de Lyon à Avignon avaient été l'objet d'une adjudication publique; les actionnaires avaient fait un premier versement, la concession était définitive et le cautionnement déposé. C'est alors que ces compagnies, sous l'influence d'une baisse qui se produisit à la Bourse, renoncèrent à exécuter leurs engagements, entrèrent en liquidation et perdirent leurs droits sur leurs cautionnements.

Cela se passait sous le règne du roi Louis-Philippe.

Vous savez que le gouvernement de l'Empereur s'est préoccupé des intérêts des actionnaires de ces compagnies et les a utilement protégés.

Pour le chemin de Lyon à Genève, les actionnaires étaient menacés d'une ruine complète, car les dépenses d'établissement avaient dépassé considérablement toutes les prévisions. La compagnie était sans droit; les actionnaires s'étaient associés à une entreprise qui avait été malheureuse ; ils avaient eu pour eux les bonnes chances, ils devaient supporter les mauvaises; cependant une protection efficace a sauvé leurs intérêts.

Les chemins de fer du Dauphiné ne constituaient pas une heureuse entreprise ; l'État avait modifié les statuts de cette compagnie de façon à améliorer le revenu des actions et à relever son crédit ; ces changements n'avaient pas suffi. Les actionnaires n'avaient aucun droit et cependant leurs intérêts ont été sauvegardés.

Il y a peu d'années, est-ce que le gouvernement n'est pas venu au secours de presque tous les chemins de fer, et notamment de celui du Midi, auquel un supplément de garantie a été accordé ?

## § XI

Comparons, Messieurs, notre situation.

L'Emprunt ottoman était en plein succès lorsque, dans le mois de décembre 1860, les poursuites ont commencé.

Le bénéfice assuré était de 92 millions, dont la moitié, 46 millions, revenait à notre Société. Si vous ajoutez notre capital social, qui était intact, il en résulte que nos actions auraient pu recevoir chacune environ mille francs, de sorte que la perte pour vous, Messieurs, s'est élevée à environ 100 millions.

Je n'ajouterai pas à ce chiffre de 100 millions, les perspectives que nous donnaient les affaires dont l'Orient était la base, et qui auraient fait de notre société l'établissement financier le plus considérable du monde; je ne rappellerai ni les malheurs éprouvés, ni les pertes essuyées par mes associés, ni ma ruine; je n'invoque pour constater vos droits que les souvenirs qui se rattachent plus directement à l'anéantissement de votre capital social.

Cet emprunt ottoman, qui avait soulevé tant de colères contre moi, était-il loyalement, heureusement combiné ?

Vous savez, Messieurs, que le *Crédit mobilier*, qui nous a succédé en Orient, a adopté exactement le même système que le nôtre.

Notre emprunt était-il conforme à la politique française ?

Évidemment oui, puisqu'il complétait, pour ainsi dire, notre influence à Constantinople, et était la conséquence naturelle de notre intervention armée. Du reste, par la souscription publique ouverte quelques temps après au Crédit mobilier pour le placement d'obligations ottomanes conformes aux nôtres, vous avez dû reconnaître que la politique française n'était nullement hostile à l'emprunt que nous avions contracté.

Ainsi, Messieurs, quand on examine votre situation et la nature de vos affaires, on ne peut méconnaître que vous êtes victimes d'un malheur bien immérité et que nulle objection n'est possible contre vos droits à une réparation. On peut dire avec juste raison que votre ruine est le résultat d'une erreur, ou, si vous le voulez, d'une précipitation judiciaire ; mais lorsque l'on connaît les circonstances qui ont précédé les poursuites et mon arrestation, vos droits apparaissent avec une évidence si grande, la cause de votre malheur prend un tel caractère, que la conscience publique impose à tous le devoir de vous venir en aide.

## § XII

Deux circonstances surtout, ont contribué à notre désastre dans une proportion bien plus réelle que la dénonciation Pontalba, qui n'a été que le prétexte ou l'occasion.

Ces deux circonstances, qui jusqu'à ce jour n'ont pas été divulguées et qui semblaient provoquées par l'intérêt public, ont bien certainement déterminé notre ruine par l'espèce de crainte morale qu'elles ont engendrée.

Quelques esprits ont cru sincèrement que l'Emprunt ottoman pouvait être nuisible à l'intérêt général, et cette supposition a entraîné évidemment les graves mesures sous lesquelles nous avons succombé.

Voici les deux circonstances qui ont été pour nous si fatales.

Vous savez, Messieurs, que tous les ans les compagnies de chemins de fer soumettent le budget de leurs dépenses au ministère des travaux publics, afin d'être autorisées à émettre des obligations pour l'exécution de leurs engagements envers l'État.

Dans les derniers mois de 1860, quelques compagnies de chemins de fer firent connaître au gouvernement qu'elles craignaient ne pouvoir obtenir des capitalistes les deux ou trois cents millions qui leur étaient nécessaires pour l'année 1861, si l'Emprunt ottoman que nous avions contracté, était autorisé.

Cette démarche était bien grave; elle l'était d'autant plus que les craintes que l'on exprimait n'étaient pas fondées, puisque l'Emprunt que nous avions contracté ne s'élevait qu'à la somme effective de 215 millions, payable en dix-huit mois, ce qui ne pouvait exercer aucune influence fâcheuse sur la situation du marché ou sur les affaires.

Mais, vous le comprenez, les hommes qui avaient exprimé des craintes jouissent d'une telle considération, ils exercent une telle influence, que le gouvernement devait en être ému.

Cette impression subsistait encore lorsque se produisit la deuxième circonstance : Un administrateur du Crédit mobilier, qui a fortement contribué à inaugurer en France le libre échange, a exprimé cette autre préoccupation, que l'Emprunt ottoman, en détournant les capitaux du marché français, pouvait mettre en péril la réalisation du traité de commerce récemment conclu avec le Royaume-Uni, traité qui allait obliger les industries françaises à faire de grands sacrifices d'argent pour renouveler leur matériel, afin de soutenir la lutte contre la redoutable organisation de l'industrie anglaise.

Une semblable prévision exprimée par un homme qui semblait si compétent, a dû être écoutée; elle a naturellement fait revivre les plaintes des compagnies de chemins de fer, et cet ensemble de réclamations venant s'ajouter à la dénonciation Pontalba, ne peut être disjoint des mesures qui ont anéanti notre fortune.

Mais maintenant quelle conscience ne crie que vous avez droit à une réparation ?

Si les démarches faites contre nous auprès du gouvernement ont été dictées par le sentiment véritable de l'intérêt public, les auteurs de ces démarches, en reconnaissant qu'elles ont pu contribuer à donner à la dénonciation Pontalba un certain appui, sentiront que leur propre dignité leur impose de soutenir vos droits à une réparation, et même d'y aider dans une certaine mesure?

Sans que j'aie besoin de vous le dire, vous le savez, Messieurs, si ma personnalité était un obstacle, si les haines que j'ai soulevées par une résistance, cependant bien légitime, voulaient que je disparusse des affaires pour laisser à d'autres le soin et le mérite des réparations qui doivent vous être accordées, je m'effacerai, satisfait de l'honneur d'avoir contribué à vous faire rendre justice.

# DEUXIÈME PARTIE

## LES LIQUIDATEURS

### *Anéantissement de notre capital*

### § Ier

Quel que soit l'aspect sous lequel on envisage notre si malheureuse affaire, nos justes griefs apparaissent plus évidents.

Certainement les poursuites exercées avaient produit un résultat désastreux, que mon arrestation vint encore aggraver. Cependant si nos affaires étaient restées dans les mains de mon cogérant, M. Halbronn et du secrétaire général, le capital eût été sauvegardé; car ces représentants de vos intérêts et des miens se seraient inspirés de mes avis, ou auraient suivi les conseils donnés par M. Isoard, délégué par le ministre des finances pour assister M. de Germiny.

Ces conseils étaient de confier la gestion de la Caisse à un établissement financier qui aurait pourvu à tous les besoins, sans nous faire éprouver les pertes que nous a imposées une liquidation dirigée avec un esprit constamment hostile.

Mais il n'a pas été possible à M. Halbronn de consacrer ses soins à la conservation de vos intérêts. Sous l'influence d'une pression bien puissante dans ce moment, il dut donner sa démission.

Si vous considérez la terreur répandue à ce moment sur tout le personnel administratif de notre Société, vous comprendrez la nécessité à laquelle M. Halbronn a dû obéir en se retirant.

Si encore nos intérêts avaient été laissés aux soins de MM. de Germiny et Isoard, votre capital eût été conservé; malheureusement une tendance bien fâcheuse pour nous dominait alors, et MM. de Germiny et Isoard durent se retirer pour céder la position à MM. Bordeaux et Richardière.

Ce changement a été le dernier coup.

MM. de Germiny et Isoard s'étaient appliqués uniquement à relever la situation de notre Société. Afin de bien connaître ses ressources, un inventaire avait été dressé, communiqué à toutes les parties comme aux conseils de la Société. *Il prenait pour base les cours de la Bourse du* 19 *février* 1861, c'est-à-dire les prix désastreux amenés par mon arrestation, opérée l'avant-veille; cours qui réduisaient d'environ 16 millions les valeurs de notre portefeuille.

Quoique établi sur des bases aussi fâcheuses, cet inventaire constatait encore l'existence d'un actif de 32,500,000 francs.

J'en ai parlé dans le rapport à l'assemblée du 6 février dernier, et nul n'a osé contredire mes déclarations, parce qu'on savait que la vérité la plus rigoureuse dictait mon langage.

Tel était donc l'état des choses lorsque, pour notre malheur, la liquidation, prononcée le 4 avril, fut confiée à MM. Bordeaux et Richardière.

Les hommes qui ont expérimenté ces sortes d'auxiliaires de la justice, peuvent seuls comprendre le caractère de leur mission; dans leurs mains tout dépérit; il semble que le génie de la destruction les inspire.

Cette tendance générale des auxiliaires de la justice s'aggrave encore lorsque l'intéressé principal, tenu sous les verrous, est exclu de l'administration de ses intérêts ou de sa fortune.

Telle était ma situation ; elle devenait pire par la conduite de MM. Bordeaux et Richardière à mon égard auprès de la justice.

Il est évident que ces messieurs caressaient l'espoir d'une condamnation qui me rayerait de la société à tout jamais. Dès lors leur gestion échappait à tout contrôle, et un jugement d'homologation, rendu par le Tribunal de commerce, couvrait tous leurs actes d'une approbation judiciaire.

C'est ainsi que cela se passe toujours, et MM. Bordeaux et Richardière pensaient tellement qu'il en serait ainsi, qu'ils se sont affranchis de toute comptabilité. Ils ont administré un capital de 50 millions sans contrôle, sans aucune autre écriture qu'un livre de caisse, sur lequel ils inscrivaient les payements qu'ils faisaient.

Et pour vous donner une idée de la confiance qu'inspirent aux tribunaux les comptes ou les prétentions des délégués ordinaires de la justice, il suffira de rappeler qu'en 1861, MM. Bordeaux et Richardière ayant demandé contre moi au Tribunal de commerce une provision qu'ils avaient fixée à 1,700,000 fr., le Tribunal, par un jugement du 1er septembre 1861, la leur a accordée.

Or, les comptes que les Liquidateurs avaient produits ne se soldaient que par une somme de 1,622,000 fr.

Ainsi le Tribunal de commerce, sous la présidence de M. Denière, guidé par la confiance que lui inspirent MM. Bordeaux et Richardière, avait accordé une provision de 1,700,000 fr. pour des comptes qui ne s'élevaient qu'à 1,622,000 fr.!

Je n'en dirai pas davantage sur ce point; vos intérêts commandent le silence.

Mais ce que vous ne devez jamais oublier, ce qui est désormais hors de toute contestation, ce qui fait vos droits, c'est que la perte de votre capital ne peut et ne doit être attribuée qu'aux hommes auxquels la justice a confié la gestion de nos intérêts. Cette démonstration doit être faite parce qu'elle sera une nouvelle preuve de vos droits à une réparation.

§ II

Vous le savez, Messieurs, et je ne saurais assez le répéter, les opérations de notre Société étaient dirigées vers les grandes entreprises financières et industrielles.

Les autres affaires de banque, comme par exemple l'escompte et les avances sur titres, n'avaient aucune importance. De sorte que lorsque les poursuites ont commencé, les engagements de notre Société, s'ils étaient considérables, n'étaient pas nombreux.

Ces engagements, qui représentaient une somme de 325 millions, étaient relatifs aux trois affaires suivantes :

1° Le Chemin de Pampelune;
2° Les Chemins romains;
3° L'Emprunt ottoman.

Pour le Chemin de Pampelune, tous les arrangements avaient été pris dès le mois de janvier, après la descente judiciaire qui avait eu lieu le 15 décembre.

Quant aux Chemins de fer romains et à l'Emprunt ottoman, grâce à M. de Germiny, deux traités passés avec la société des Chemins romains et le représentant de la Sublime Porte nous avaient complétement exonérés de nos engagements.

Ce qu'il est très-important de rappeler et préciser, c'est qu'au mois d'avril 1861, lorsque les Liquidateurs ont été nommés, il ne restait plus à régler que les comptes courants avec les clients qui avaient remis des titres contre avances.

Ces comptes figuraient à notre inventaire, ils y étaient inscrits avec cette mention :

COMPTE APPLICATIONS (*valeurs en portefeuille*,

7,707,781 fr. 97 c.)

Par contre, il était dû par ces mêmes clients, pour avances à eux faites, une somme de 6,200,000 fr.

La différence entre la valeur des titres à racheter et le montant des avances s'élevait à environ 1,500,000 fr.

Or, il n'y a jamais eu en espèces disponibles une somme inférieure à deux millions, sans compter les titres en portefeuille, qui représentaient plus de trente millions, ni les propriétés immobilières qui s'élevaient à huit millions.

Si vous rapprochez nos ressources si considérables des besoins immédiats que notre Société pouvait avoir, vous reconnaîtrez qu'il était bien facile d'y faire face sans nous imposer aucun sacrifice.

Comment donc notre actif de cinquante millions a-t-il disparu?...

Je ne saurais le dire, puisque les Liquidateurs ne veulent pas rendre compte de leur gestion. Ce que j'affirme hautement, c'est que si mon cogérant, M. Halbronn, n'avait pas été abusivement forcé de donner sa démission, ou si les conseils de M. Isoard avaient été suivis, notre capital aurait été sauvegardé.

En effet, si, comme l'avait proposé M. Isoard, on avait confié la gestion de nos intérêts à un établissement financier, par exemple au Crédit industriel ou au Comptoir d'escompte, ces sociétés auraient conservé les valeurs du portefeuille, au lieu de les livrer aux prix ridiculement affaiblis que la catastrophe avait amenés.

Malheureusement nos intérêts ont été livrés sans contrôle à MM. Bordeaux et Richardière.

Il était naturel de supposer que leur inexpérience sur des affaires de cette importance les conduirait à me consulter; mais comme leur collègue, l'expert Monginot, ils n'ont pas daigné me demander un seul avis. Aussi, dès leur entrée en fonctions, avec une imprévoyance et une inhabileté inconcevables, ils ont sacrifié notre actif et nous ont constitués en perte de dix-sept millions, en adoptant comme base de leurs opérations l'évaluation provisoire que M. de Germiny avait faite de notre portefeuille.

MM. Bordeaux et Richardière n'ont pas compris que M. de Germiny n'avait voulu que se rendre compte de la véritable situation de notre société en dressant ce bilan, qui se soldait par un excédant d'actif de 32,500,000 francs.

Étrangers à ces sortes d'affaires, ils n'ont pas compris que c'était uniquement par une exagération de précaution que M. de Germiny n'avait admis, dans son bilan, les valeurs de notre portefeuille qu'aux cours du 19 février, c'est-à-dire aux prix auxquels elles étaient descendues immédiatement après mon arrestation.

Faute d'avoir considéré ou d'avoir pu comprendre que l'œuvre de M. de Germiny était une simple note qui ne devait nullement servir de base à la réalisation de notre actif, MM. Bordeaux et Richardière ont vendu ou livré tous nos titres aux prix avilis du 19 février, et nous ont ainsi infligé, de leur seule autorité, une perte d'environ 17,055,186 francs, soit 170 francs par action !...

Cet acte a eu des conséquences bien fâcheuses sur une certaine catégorie de nos comptes courants.

Notre Société avait fait des avances considérables à ses actionnaires sur ses propres actions; les Liquidateurs, par leurs mesures inintelligentes, ayant dissipé notre actif, ces avances n'ont plus eu aucune garantie, et il en est résulté, d'après eux-mêmes, une perte de 8,390,374 francs, soit 80 francs par action.

Comme vous le voyez, Messieurs, la façon déplorable dont nos intérêts ont été gérés par les auxiliaires de la justice a entraîné, sur ces deux parties de notre actif, une perte de 25 millions, ou 250 francs par action.

Quelqu'un peut-il trouver équitable que vous soyez

victimes d'une gestion semblable , gestion que vous n'avez pas voulue, gestion que vous n'avez pas eu la possibilité d'empêcher, gestion enfin qui vous a été imposée !...

La responsabilité de MM. Bordeaux et Richardière est d'autant plus grave, que s'il ne leur convenait pas de suivre les sages avis de M. Isoard, ils devaient au moins me consulter sur la nature de nos valeurs. Ils n'en ont rien fait; ils ont agi par leur seule et unique volonté et avec une telle audace d'impéritie, qu'ils semblaient avoir reçu la mission spéciale de ruiner notre Société.

## § III

A cette perte de 25 millions pour cause d'inintelligence, d'autres pertes se sont ajoutées, résultat de fautes qui, au point de vue moral, ont un caractère plus répréhensible.

Ces fautes sont au nombre de trois. Elles ont entraîné une perte provisoire d'environ sept millions, soit près de 70 francs par action.

Ceci, Messieurs, mérite une attention toute particulière. Il s'agit :

1° Des payements faits à des clients qui étaient sans droits; payements qui s'élèvent à 2,500,000 francs.

2° De l'abandon bénévole de 2,545,000 francs fait

au gouvernement ottoman, au mépris du contrat que j'avais passé et du traité de résiliation conclu avec M. de Germiny.

3° De l'abandon, en faveur de M. de Pontalba, du capital de sa dette s'élevant à 1,700,000 francs.

Je sais très bien que les explications que je vous fournis ne sont plus nécessaires pour vous éclairer sur la gestion des Liquidateurs, MM. Bordeaux et Richardière, mais elles contribueront à donner à vos droits un caractère plus saillant.

Sur ces trois affaires, vos Commissaires, tout en confirmant entièrement mes déclarations, n'ont pu que vous faire connaître les faits dont ils ont été les témoins. Si, comme vous l'avez remarqué, ils ont été très-réservés sur la conduite des Liquidateurs, c'est qu'ils m'ont laissé le soin de mieux préciser les fautes graves qui ont été commises, fautes qui attestent le plus absolu mépris de vos intérêts.

Vos commissaires m'ont fait observer que leur présence donnait à mon langage une telle adhésion, qu'il était inutile qu'ils répétassent les mêmes reproches.

Ne supposez pas cependant, messieurs, que le souvenir des torts des Liquidateurs à mon égard, exerce une influence quelconque dans l'exposé que je suis obligé de vous faire. Ce n'est pas le vain plaisir de rendre le mal pour le mal qui dictera mon langage. Si je mets en relief les *erreurs inqualifiables* de MM. Bordeaux et Richardière, c'est parce que ces délégués de la justice nous ayant été imposés, leur responsabilité fait dès lors partie de vos droits à une réparation.

*Payements abusivement faits.*

§ IV

Il résulte des renseignements fournis par le rapport de M. Riollet, que MM. Bordeaux et Richardière ont payé *avec une précipitation impardonnable* une somme d'environ 2,500,000 francs à des clients en compte courant avec notre Société, clients qui étaient sans droits.

Je ne reviendrai pas sur la question relative aux comptes courants tels que notre Société les pratiquait, je vous en ai exposé plus haut le caractère si loyal et en même temps si utile à l'industrie et aux affaires. Je me bornerai donc à faire ressortir la façon dont cette question, a été tranché par nos Liquidateurs, au grand préjudice de nos intérêts.

Messieurs vos Commissaires vous l'ont dit avec une grande conviction, l'arrêt de la Cour de Douai du 21 avril 1862, en donnant à nos comptes courants leur véritable signification, avait indiqué aux Liquidateurs le langage et la conduite qu'ils devaient tenir en votre nom. Ils ne pouvaient valablement faire aucun payement en contradiction avec cet arrêt souverain qui protégeait en même temps vos intérêts et mon honneur.

Pourquoi donc ont-ils payé 2,500,000 francs ?

Je dois vous le dire.

Dans mon rapport à votre dernière assemblée je vous ai entretenus des relations particulières qui se sont établies entre les Liquidateurs et un agent d'affaires, le sieur Castillon, lequel « avait provoqué, fait » valoir et prévaloir les réclamations des clients contre » notre Société. »

Je vous faisais remarquer que l'accord qui existait entre le sieur Castillon et les Liquidateurs nous avait coûté pour 1862, une somme de 1,694,374 fr.

Nous savons maintenant par le rapport de M. Riollet que les payements faits pendant l'année 1863, ont élevé le chiffre de nos pertes pour cet objet à environ 2,500,000 fr.

Depuis notre dernière assemblée, un fait nouveau s'est produit, qui condamne, d'une manière plus radicale que je ne saurais le faire, la conduite de nos Liquidateurs et démontre d'une façon irrécusable le caractère abusif des payements qu'ils ont faits au sieur Castillon ou à ses clients.

Le 12 avril dernier, la Cour de cassation, chambre des requêtes, a reconnu que la Cour impériale de Paris avait violé l'autorité de la chose jugée en méconnaissant l'arrêt de la Cour de Douai, en donnant aux contrats de comptes courants, tels que cette Cour les avait appréciés, le caractère de contrats de nantissement. Par suite, la Cour de cassation a admis les pourvois que, seul, j'ai formés contre les arrêts rendus par la Cour de Paris dans le mois de janvier dernier.

Il faut être juste avant tout. Si j'ai eu la douleur de

voir repousser à tous les degrés de juridiction ma demande d'une expertise contradictoire, il serait injuste de conclure de ce fait que partout et toujours je ne rencontrerai devant les magistrats de Paris que prévention obstinée. Cette supposition serait un malheur public et porterait atteinte au respect dont le corps judiciaire doit être entouré, afin de protéger la société entière.

Aussi, quelque douloureux que soient pour vous comme pour moi les arrêts rendus le 22 janvier dernier par la Cour de Paris, ces arrêts attestent bien plutôt l'esprit d'équité des magistrats qu'une tendance hostile pour vos intérêts ou pour moi.

Ne pensez pas surtout, qu'en repoussant notre appréciation sur le caractère de nos comptes courants, les magistrats aient voulu de nouveau accentuer des principes contraires à ceux de la Cour de Douai : ils ont été trompés, voilà la vérité.

Permettez-moi, Messieurs, de bien expliquer ici ma pensée; car cette question se rattache à la responsabilité très-grave qu'ont encourue les mandataires de justice qui nous ont été imposés.

## § V

Il est utile de rappeler d'abord que la Cour de cassation et les Cours impériales ne sont pas régies par les mêmes règles.

Les magistrats à la Cour de cassation ont un rôle plus élevé. Ils planent au-dessus des questions de fait, les questions de principes sont seules de leur domaine; ils sont, pour ainsi dire, les juges des jugements.

Les magistrats de Cour impériale ont plus de latitude. Juges en même temps du fait et du droit, les questions d'équité sont bien souvent leur règle de conduite; aussi est-il rare que les magistrats qui ont à juger une question dans laquelle l'équité est opprimée par le droit, ne prononcent pas, s'ils le peuvent, en faveur du plaideur loyal et malheureux, contre le plaideur déloyal qui n'a que la légalité pour lui.

C'est ce dernier aspect que nos Liquidateurs donnaient aux questions qui, en janvier dernier, étaient soumises à la Cour impériale de Paris.

Les clients qui faisaient des réclamations, ou les agents d'affaires qui les représentaient, ou enfin vos propres Liquidateurs, soutenaient tous à l'unisson que les titres des clients avaient été vendus, qu'ils avaient produit tel ou tel bénéfice; que les gérants, comme la Société en avaient profité, et qu'en accueillant les réclamations, la justice ne ferait qu'obliger la Société et les gérants à restituer ce qu'ils avaient indûment acquis.

Vous voyez déjà, Messieurs, quelle devait être l'hésitation des magistrats en présence de déclarations qui semblaient si véridiques, et combien la question légale de la chose jugée était compromise.

Le système adopté par les Liquidateurs contre vos intérêts a même pris une forme tellement accentuée, que, non contents d'avoir fait faire contre moi et à votre détriment des plaidoieries dont le caractère injurieux a soulevé l'indignation publique, ils n'ont pas craint de remettre à la Cour des notes dans lesquelles les faits étaient absolument contraires à la vérité. Il faut faire connaître ces notes, parce qu'elles ont exercé une influence décisive sur l'esprit des juges.

Je soutenais que le système des comptes courants avait amené des échanges de titres; qu'on remettait indistinctement à Pierre les titres remis par Paul; que cette opération n'avait jamais donné de bénéfices ni à la Société ni à ses gérants. J'ajoutais qu'elle avait même occasionné à notre Société une perte de plusieurs millions, et je demandais une expertise pour démontrer la vérité de mes déclarations.

Nos Liquidateurs étaient, non sans raison, effrayés de mon langage. Ils avaient déjà payé plusieurs millions à des agents d'affaires avec lesquels ils ont des relations intimes; et si la Cour de Paris repoussait les réclamations des clients, ils se trouvaient compromis. Il fallait donc *à toute force* obtenir de la Cour un arrêt qui justifiât les payements qu'ils avaient effectués.

Pour atteindre ce but, ils remirent à la dernière heure une note aux magistrats, dans laquelle ils ont osé insérer ces mots :

« *Que les titres avaient été vendus, que le produit*
» *de ces ventes était entré dans le mouvement des*
» *affaires de la maison, et par suite avait contribué à*
» *composer les bénéfices distribués.* »

Et comme si cette affirmation mensongère ne suffisait pas pour compromettre vos intérêts, ils ont eu l'audace d'ajouter :

« *Que M. Mirès avait lui-même retiré une part de* » *ces bénéfices* MAL ASSURÉS, *à raison des* 20 *pour* 100 » *qui profitaient à la gérance.* »

Vous voyez, Messieurs, quel devait être l'embarras des juges en présence de semblables déclarations faites par des mandataires de la justice, chargés de protéger vos intérêts. — Mais je n'ai pas fini.

J'avais objecté que les bénéfices des années 1856 et 1857 se composaient uniquement de ceux faits sur les Chemins de fer romains ou autres entreprises industrielles.

Les Liquidateurs répondent dans leur note, que c'est une équivoque de ma part; et à l'appui de leur dire, ils fournissent cette démonstration : je copie :

« Le tableau ci-dessous présente le sort de 90 actions du Crédit mobilier remises à diverses dates par » le colonel Danner, *ainsi que cela résulte du jugement de première instance.*

| DATES des ALIÉNATIONS | NOMBRE de TITRES | COURS au jour DE L'ALIÉNATION | TOTAL pour chaque ALIÉNATION EN MASSE |
|---|---|---|---|
| 1er fév. 1856 | 22 | 1,545 » | 33,990 » |
| 6 » » | 3 | 1,552 50 | 4,657 50 |
| 18 mars » | 15 | 1,552 50 | 23,363 50 |
| 31 » » | 6 | 1,605 » | 9,630 » |
| 13 sept. » | 19 | 1,680 » | 31,920 » |
| | 65 | | 103,561 » |

» Or, à la date du 31 décembre suivant (1856), le » cours moyen des actions du Crédit mobilier était de » 1,410 fr.; c'est à ce taux que les actions *manquant* » ont été capitalisées dans l'inventaire. Si l'on multi- » plie les 65 actions remises par le colonel Danner » par cette même somme de 1,410 fr., on trouve » 91,650 fr.; ce qui produit avec le chiffre de 103,561 fr. » 10 c. ci-dessus un écart de 11,910 fr.

» 2° En 1857, même résultat. Le jugement con- » state que 25 actions remises par Danner ont été *alié-* » *nées* le 16 mai 1857, et qu'à ce jour, le cours était » de 1,262 fr. 50 c , soit pour 25 actions 31,562 fr. » 50 c.; à l'inventaire au 31 décembre 1857, les ac- » tions du Crédit mobilier manquant (il en manquait » 4,894, qui produisaient 5,336,945 fr. 06 c.) ont été » capitalisées à 1,090 fr. 50 c., soit pour 25 actions » 29,262 fr. 50 c., ou une différence de 4,300 fr. de » ce chef. »

Nos Liquidateurs osent invoquer le jugement rendu par le Tribunal de première instance! Jugement qu'ils avaient obtenu par les mêmes procédés qu'ils ont renouvelés devant la Cour!

Les juges du premier comme ceux du second degré ont été trompés par le langage des Liquidateurs.

Il faut bien le dire, toute l'argumentation admettait en principe un fait complétement faux. Mais, je vous le demande: comment les juges pouvaient-ils le savoir. Le langage des Liquidateurs donnait tellement raison aux clients au point de vue de l'équité, que nous devions nécessairement succomber.

Comme les Liquidateurs n'invoquaient pas l'expertise Monginot, la Cour ne pouvait pas deviner que les Liquidateurs ne faisaient qu'en suivre les indications.

Par exemple, quant à l'aliénation des titres, l'expert Monginot avait relevé le jour de la sortie des titres, y avait ajouté le cours de la Bourse, et c'est ainsi qu'il avait établi les prétendues ventes et les prétendus bénéfices. Nos Liquidateurs, vous l'avez vu par la citation que j'ai faite, ont suivi le même système; ils ont fabriqué une prétendue vente, créé un prétendu bénéfice, reconnu un prétendu droit en faveur des clients.

Ainsi ils invoquent comme exemple le fait relatif à M. Danner; ils signalent une sortie de titres faite le 1er février 1856, ils y ajoutent le cours de ce jour à la Bourse pour établir que notre Société a reçu telle somme. Puis, au lieu de vérifier si ce jour-là il y avait en caisse des titres analogues, ou si postérieurement il en est rentré, ils se transportent à la fin des

années 1856 et 1857, et disent à la Cour : « Au 31 dé-
» cembre 1856 et 1857, les actions manquantes ont été
» capitalisées à tel prix, donc il y a eu un tel béné-
» fice. »

Or les titres de M. Danner ÉTAIENT EN CAISSE le 31 décembre 1858, et les Liquidateurs en ne le disant pas ont sciemment trompé la justice. J'avais donc raison de dire que le fait de la vente des titres, admis en principe, était faux.

Mais la Cour, n'ayant pas cru devoir ordonner l'expertise que je demandais, parce qu'elle avait foi dans le langage des Liquidateurs, a dû penser qu'elle avait devant elle des plaideurs malheureux, des mandataires de la justice consciencieux, que j'étais, moi, un gérant un plaideur déloyal, Elle a condamné notre Société au nom de ce qu'elle a cru être l'équité.

Nos Liquidateurs ont tout fait pour faciliter le gain de leur procès aux adversaires de notre Société, parce qu'ils se voyaient, je le répète, compromis par les payements abusifs qu'ils avaient faits à des agents d'affaires avec lesquels ils avaient des relations particulières ; de sorte qu'il leur fallait à toute force une décision qui les couvrît.

Je pourrais ajouter des faits, des témoignages ; je pourrais vous citer les personnes chez lesquelles les protégés de nos Liquidateurs se sont présentés presque en leur nom, avec des *Traités et des pouvoirs autographiés* que les clients n'avaient qu'à signer, traités et pouvoirs en vertu desquels ces agents d'affaires exploitaient notre Société avec l'adhésion de ceux qui devaient nous défendre ; mais j'en ai dit assez pour démontrer que les arrêts du mois de janvier dernier, qui ont si fatalement compromis vos intérêts et si injustement atteint mon honneur, n'ont pas été dictés par des sentiments hostiles pour vous ni pour moi. Ils sont, vous le voyez, le résultat des manœuvres intéressées de nos Liquidateurs, qui, ayant payé abusivement des sommes considérables, avaient besoin de décisions judiciaires pour dégager leur responsabilité. Aussi n'ont-ils reculé devant aucun moyen pour surprendre la conscience des juges.

Ils étaient si satisfaits du résultat obtenu, qu'ils ne voulaient pas en appeler à la Cour de cassation. Me Benoit, l'avoué, l'âme de la liquidation, le gendre de M. Bordeaux, l'un de nos Liquidateurs, s'adressant à Me Saglier, notre avocat, a blâmé les pourvois que j'avais formés dans votre intérêt !

Êtes-vous convaincus maintenant que nos Liquidateurs ont payé abusivement une somme de 2,500,000 fr., qu'ils sont seuls la cause effective de la perte de ces procès, comme ils sont la cause de l'anéantissement de notre capital ?

Ce Rapport sera publié, et si j'ai menti, je serai couvert de honte. Mais si je dis la vérité, nul ne contestera qu'une réparation vous est due, en présence des actes accomplis contre vous, par les mandataires qui vous ont été imposés par la justice.

*Emprunt ottoman.*

§ VI

Dans mon Rapport du mois de février dernier je vous disais que les Liquidateurs, en réglant avec le représentant de la Porte, avaient fait bénévolement l'abandon d'une somme de 2,545,000 fr.

J'ajoutais qu'intéressé en mon propre et privé nom dans l'Emprunt ottoman, nos Liquidateurs avaient méconnu mes droits, ma qualité, et avaient traité sans ma participation et sans avoir égard aux protestations que je leur avais signifiées.

Il n'est pas indifférent de mettre en parallèle cette conduite avec celle qu'a tenue M. de Germiny pendant sa trop courte administration.

L'ancien gouverneur de la Banque ayant reconnu, d'après les actes et les livres sociaux, mes droits dans cet emprunt, n'a voulu résilier qu'avec mon autorisation spéciale; qu'en vertu de mes pouvoirs. Nos liquidateurs, plus puissants que M. de Germiny, m'ont traité comme un condamné frappé de mort civile; ils ont tout tranché de leur seule et unique autorité. Évidemment il y a des raisons à l'attitude étrange des Liquidateurs dans cette affaire. Ces raisons cachées, je laisse à la conscience publique le soin de les deviner. Elles existent, c'est tout ce que je veux dire.

Par l'une de vos résolutions, vous avez donné mission à vos Commissaires de vérifier mes allégations, et, si elles étaient fondées, de poursuivre la rentrée de la somme de 2,545,000 francs que les liquidateurs ont payée en trop.

Vos Commissaires, dès leur entrée en fonctions, ont voulu connaître la vérité. Ils ont demandé la communication des pièces, et les pièces leur ont démontré l'exactitude parfaite de mon langage. Ils ont en outre constaté avec quel soin scrupuleux M. de Germiny a protégé vos intérêts en rédigeant le traité de résiliation.

En effet, tout en résiliant la convention pour ce qui excéderait les obligations souscrites. M. de Germiny a formellement stipulé que les avantages résultant du contrat seraient acquis aux 101,800 obligations que le public avait demandées et pour lesquelles le premier versement avait été effectué.

Or, aux termes de l'article 5, il était dit « que quoique » les payements fussent échelonnés sur une durée de dix- » huit mois et par sommes égales, l'intérêt dû par le » gouvernement ottoman serait payé sur l'intégralité de » l'emprunt, comme si tous les payements étaient » effectués. »

Cet avantage équivalait à 25 francs par obligation que nos Liquidateurs avaient le droit de retenir, puisque les obligations souscrites étaient pour ainsi dire payées comptant.

Si nos Liquidateurs, en mandataires loyaux, avaient respecté mes droits; si j'avais été admis à connaître le règlement de cette affaire, aucune erreur n'aurait pu se glisser, et une somme de 2,545,000 francs n'aurait pas disparu à votre détriment. Mais évidemment on ne voulait ni la lumière ni un contrôle.

Non-seulement nos Liquidateurs ont repoussé mon concours, négligé d'invoquer les termes si précis de l'article 5, et commis une erreur à notre préjudice, de 2,545,000 francs, mais, poussant plus loin leur indifférence pour vos droits et vos intérêts, ils ne veulent même pas donner les pouvoirs nécessaires pour opérer cette réclamation.

Pour justifier leur étrange refus, ils n'ont même pas la ressource d'alléguer les frais que cette réclamation pourrait occasionner, puisque je me charge, à mes risques et périls, de poursuivre le recouvrement.

Pourquoi donc font-ils obstacle à cette rentrée?

Je vous ai dit, à notre dernière assemblée, que MM. Bordeaux et Richardière avaient reçu une décoration du gouvernement ottoman.

Si c'est la délicatesse de la reconnaissance ou quelque autre sentiment qui les empêche d'intervenir en leur nom, je l'ignore, et je crois que nous n'avons pas beaucoup la curiosité de percer ce mystère. Nous en savons assez. Nous savons très-certainement que MM. Bordeaux et Richardière ne sont pas les mandataires de vos intérêts.

Mais cette circonstance aussi, comme tant d'autres, est une preuve et une démonstration de vos droits à une réparation.

*Créance sur M. de Pontalba.*

§ VII

Par un sentiment de loyale indignation, en insérant dans les propositions que vous avez votées l'autorisation de transiger avec tous, vous n'avez fait qu'une exception, c'est à l'égard de M. de Pontalba.

Pour lui, pour l'auteur de notre ruine, vous n'avez pas voulu admettre qu'une transaction fût possible !

Vous vous souvenez que notre assemblée du 6 février était convoquée depuis plus d'un mois. Nos Liquidateurs, ne pouvant douter de vos sentiments à l'égard de leur protégé, M. de Pontalba, prévoyaient que cette assemblée donnerait son concours à mes efforts. Il était évident pour eux qu'ils ne pourraient plus faire, après l'assemblée, la transaction qu'ils projetaient.

Aussi, le 5 février, *la ve [illegible] ae notre assemblée, ils se hâtent* de conclure ce marché odieux, par lequel, moyennant le payement des intérêts jusqu'à ce jour, ils font à l'homme qui a causé tant de malheurs, tant de ruines, à M. de Pontalba, l'abandon du capital de sa dette !

Dans cet acte d'abandon, ils ont osé insérer « que » le Tribunal qui a condamné M. de Pontalba à rem- » bourser sa dette en capital et intérêts, *avait reconnu* » *des droits à M. de Pontalba.* »

Des droits en faveur de M. de Pontalba ! Cette audacieuse allégation dans un acte authentique est tout simplement un mensonge authentique. Il n'y a rien de semblable au jugement qui condamne M. de Pontalba à nous rembourser ce qu'il a obtenu par la calomnie et la violence. Mais il fallait justifier la transaction auprès du notaire, et nos Liquidateurs, leurs conseils et ceux de M. de Pontalba n'ont pas reculé devant ce tort si grave, d'insérer un fait faux dans un acte authentique.

Messieurs, j'ai assisté aux débats qui ont eu lieu devant la Cour impériale, j'ai entendu l'avocat de nos Liquidateurs, le même qui répandait l'outrage contre moi, défendre M. de Pontalba !

Ce spectacle, cependant bien triste, m'a fait pourtant plaisir ! Oui, je trouvais cela juste qu'enfin l'entente et l'accord de ces personnages, et les sentiments et les intérêts qui les unissent, fussent ainsi proclamés et avérés et que la magistrature en eût l'aveu de leur propre bouche !

Actuellement je ne suis plus seul pour défendre nos droits, car vos Commissaires, s'associant à votre pensée, sont intervenus devant les tribunaux, afin d'obtenir l'anéantissement de cette scandaleuse transaction.

Peut-être objectera-t-on, qu'il vaut mieux recevoir, sur une créance de 2,200,000 francs, une somme de 500,000 francs, que de s'exposer à tout perdre.

Si en effet la famille de M. de Pontalba était dans une situation qui inspirât des craintes sur la rentrée de votre créance, peut-être eût-il été possible, au point de vue de vos intérêts, de s'arrêter à cette considération.

Mais il n'en est pas ainsi.

D'abord l'hypothèque repose sur la terre de Mont-l'Évêque, d'une valeur d'environ 2 millions, et nous avons la certitude de recouvrer sur cet immeuble une somme de 800,000 francs à un million.

Ensuite les propriétés immobilières de Mme de Pontalba la mère ne représentent pas un chiffre moindre de 12 millions : l'hôtel seul qu'elle habite en totalité, rue du Faubourg Saint-Honoré, représente une valeur de 6 millions.

Cette immense fortune n'appartient qu'à trois héritiers ; la rentrée de votre créance est donc complétement assurée.

Pour échapper à toute surprise, je dois faire connaître un bruit qu'on essaye de propager.

On donne à entendre que des personnages importants ont encouragé les Liquidateurs à faire cette transaction, et j'ai entendu Me Sénard l'avocat de M. de Pontalba, se prévaloir de cette circonstance, qu'un notaire très-influent avait participé à l'acte de transaction.

Me Sénard, pour un motif que je n'ai pu comprendre, a dit à la barre de la Cour, que ce notaire avait refusé les honoraires dus à son concours.

Il m'a paru que tout cela était une comédie des conseils de M. de Pontalba pour faire croire je ne sais quoi. Néanmoins, j'ai voulu savoir si en effet il y avait quelque part, ailleurs que dans les bureaux de la

Liquidation, quelques sympathies pour M. de Pontalba.

Non, en vérité, messieurs; et les sentiments qui se sont exprimés de tous côtés avaient l'accent même des nôtres. Ne craignons point le crédit et les amis de M. de Pontalba. Il a été condamné à rembourser ce qu'il a induement obtenu, et, soyez-en convaincu, la transaction faite par les Liquidateurs ne sera pas approuvée par les magistrats qui ont condamné M. de Pontalba.

## § VIII

J'ai dit le préjudice que nos Liquidateurs nous ont occasionné, j'ai dit leurs torts, et très-probablement ce préjudice et ces torts apparaîtraient, encore plus graves, si nos Liquidateurs consentaient à expliquer leur gestion, à rendre compte du capital de 50 millions qui leur a été confié.

S'ils étaient nos représentants, nous aurions le droit d'exiger ces comptes de gestion, que leur conscience devait spontanément offrir. Mais ils ne relèvent que de l'autorité judiciaire.

Depuis plus de trois ans ils ne vous ont pas réunis une seule fois, et cette conduite est approuvée par le pouvoir qui les a nommés.

Il résulte de cette situation que nous n'avons rien à leur demander et nous y perdons peu en réalité, puisqu'ils sont dans l'impossibilité de réparer les ruines qu'ils ont faites.

Tout ce que nous pouvons leur demander est perdu.

Résumons nos pertes :

Le dommage qui vous a atteint est de deux natures.

D'abord vous avez perdu une somme de 46 millions qui vous revenait dans le bénéfice si certain que promettait l'Emprunt ottoman.

Ensuite votre capital de 50 millions, intact lorsque les poursuites ont commencé, a été anéanti par des Liquidateurs incapables.

Pour la part qui vous revenait dans l'Emprunt ottoman, c'est un malheur irréparable, j'en conviens, mais c'est au moins une considération qu'on ne peut et ne doit pas écarter, quand on examine vos droits à une réparation.

Voici le détail de nos pertes :

1° MM. Bordeaux et Richardière, commettant l'erreur grave de prendre pour base de la réalisation de notre actif le bilan provisoire de M. de Germiny, ont livré nos valeurs de portefeuille aux prix avilis du 19 février, et nous ont ainsi constitués en perte d'une somme de........................... 17,055,126 f.

2° Pour les avances faites en compte courant sur nos propres actions, avances qui n'ont plus eu de garantie dès que les Liquidateurs ont eu dissipé notre actif........................... 8,300,374

*A reporter*........... 25,355,500

| | |
|---|---|
| *Report*........ | 25,355,500 |
| 3° Indemnités payées à des clients sans droits.......................... | 2,500,000 |
| 4° Perte sur le règlement de l'Emprunt ottoman.......................... | 2,545,000 |
| 5° Perte de notre clientèle, et sur notre mobilier, vendu à vil prix......... | 939,000 |
| Frais judiciaires................. | 1,000,000 |
| Ensemble........... | 32,339,500 |

Ainsi la perte occasionnée par la gestion de MM, Bordeaux et Richardière s'élève à fr........ 32,339,500

Voici maintenant l'état des pertes effectives que nous avons faites, par le fait même des poursuites :

| | | |
|---|---|---|
| 1° Résiliation des engagements relatifs au chemin de Saragosse à Pampelune..................... | 3,175,000 | |
| 2° Résiliation des engagements relatifs aux chemins de fer romains................. | 8,500,000 | |
| 3° Indemnités payées aux porteurs d'actions du chemin de fer de Saragosse à Pampelune..................... | 831,000 | |
| Ensemble............. | | 12,500,000 |

De votre capital de 50 millions et de ma fortune personnelle, il ne reste donc

| | |
|---|---|
| *A reporter*....... | 44,845,500 |

| | |
|---|---|
| *Report*....... | 44,845,500 |
| que trois sommes, qui forment ensemble 8,500,000 fr. | |
| Les voici : | |
| 1° Les Liquidateurs vous ont distribué 20 fr. par action, soit............... | 1,800,000 |
| 2° Ils ont encore à leur disposition une somme de........................... | 4,500,000 |
| 3° Il reste la créance Pontalba...... | 2,200,000 |
| Ensemble.... | 53,345,500 |

Si vous considérez qu'il y a encore à faire rentrer environ trois millions, pour des erreurs commises par les Liquidateurs en réglant avec les chemins de fer romains, le chemin de Pampelune et la société du Gaz de Marseille, vous retrouverez un total de 56 millions qui représente :

1° Votre capital social de 50 millions;

2° Ma fortune personnelle, qui a été engloutie dans la catastrophe.

Vous connaissez maintenant comment les mandataires judiciaires qui vous ont été imposés ont géré nos intérêts; vous penserez, comme moi, qu'ils auraient administré plus sagement, si, relevant directement de nous, ils avaient été dans l'obligation de nous rendre des comptes et s'ils n'avaient attendu leur *quitus* que de notre approbation.

## § IX

Au moment où vous allez vous prononcer sur la proposition principale qui vous est soumise, c'est-à-dire sur la retraite des Liquidateurs, je dois vous faire connaître quelles seront, pour vos intérêts, les conséquences de leur retraite.

Cette retraite nous permettra d'abord de poursuivre auprès du gouvernement ottoman la réparation de l'erreur qui a été commise.

Nous obtiendrons plus facilement la rentrée de notre créance sur M. de Pontalba.

Enfin je pourrais relever les erreurs commises par les Liquidateurs en réglant avec les compagnies des Chemins de fer romains, de Pampelune et des Gaz de Marseille, dont nous étions les banquiers, erreurs que j'évalue à environ 3 millions.

Pour vous permettre d'apprécier quelle est la valeur réelle de nos actions, en dehors des droits généraux que nous avons à faire valoir, je crois devoir réunir les diverses sommes que nous avons le légitime espoir de faire rentrer lorsque nous serons les maîtres chez nous.

| | |
|---|---|
| 1° Les Liquidateurs l'ont reconnu, ils ont en caisse ou en valeurs une somme de...... | 4,500,000 fr. |
| 2° La réclamation à faire au gouvernement ottoman pour l'erreur commise...................... | 2,545,000 |
| 3° La créance de M. de Pontalba. | 2,200,000 |
| 4° Les réclamations à faire pour erreurs de règlements avec les compagnies des Chemins de fer romains, de Pampelune et des Gaz de Marseille........................ | 3,000,000 |
| Ensemble..... | 12,245,000 fr. |

soit environ 136 francs par action, puisque par suite des actions que les Liquidateurs reconnaissent avoir en caisse, le nombre des titres qui ont droit à participer à cette réparation n'est pas de 81,000, comme je l'avais supposé, mais de 90,000.

## TROISIÈME PARTIE

### MON COMPTE PERSONNEL

#### § I

Je serai bref sur ce point, je l'aurais été bien davantage si nos Liquidateurs ne vous avaient pas adressé, à la date du 25 juin dernier, une circulaire dans laquelle ils s'expriment ainsi :

« Il vous a été distribué des exemplaires d'une brochure contenant le texte d'une décision qualifiée sentence arbitrale, rendue entre M. Mirès et MM. Bret et consorts, prenant la qualité de Commissaires des actionnaires.

» Nous croyons de notre devoir, pour éclairer votre religion et prévenir toute erreur, de vous adresser copie du jugement de débouté d'opposition rendu par le Tribunal de commerce de la Seine, le 13 juin courant, relativement au règlement des comptes de M. Mirès, sur son refus de plaider.

» Ce jugement statue sur cinq des chefs de nos réclamations. Il fixe sur ce point les sommes dont M. Mirès est débiteur à 8,277,845 fr. 52 c.

» En conséquence il condamne M. Mirès, déduction faite des comptes créditeurs à payer à la liquidation :

| | | |
|---|---|---|
| » 1° Pour solde des trois premiers chefs. . . . . . . . . . | 2,713,890 fr. | 36 c. |
| » 2° Montant du compte coupon n° 2. . . . . . . . . . | 760,175 | » |
| » 3° Montant des créances personnelles. . . . . . . . . . | 63,647 | 68 |
| » Ensemble, y compris la provision | | |
| » (Valeur 1er avril 1863). . . . | 3,537,713 fr. | 04 |

Vous avez reçu la sentence arbitrale rendue par MM. Berryer, Marie et Carré. Vous avez sans doute remarqué qu'en la signalant, nos Liquidateurs, par un sentiment de pudeur très-concevable, n'ont pa osé rappeler les noms des hommes qui l'ont rendue. C'est qu'en effet, ces noms inspirent à tous un tel respect, qu'il eût suffi de dire que leur décision est contraire au jugement du Tribunal de commerce, pour que l'autorité de ce jugement fût moralement atteinte, serait-il contradictoire, au lieu d'être par défaut.

Nos Liquidateurs vous disent que j'ai été condamné à payer 3,537,713 fr.

Ils n'ajoutent pas qu'ils ont voulu ce jugement à tout prix, même par défaut, et qu'il a entraîné 50,000 fr. de frais à vos dépens!

Le but des Liquidateurs a été bien certainement d'altérer la confiance que vous avez en moi, et de détruire l'unanimité qui assure le succès définitif de nos efforts.

Je ne répondrai à la pensée des Liquidateurs que par l'exposé des faits. S'il en résulte une atteinte morale à des choses que l'on doit toujours respecter, la responsabilité en sera aux provocateurs.

Depuis plusieurs années, j'affirme que je suis créancier de votre Société, et vous le savez, Messieurs, ce n'est pas dans le but d'obtenir, au préjudice de vos épaves, le payement des sommes qui me sont dues. Je n'ai cessé de répéter que si l'on voulait soumettre à des arbitres honorables et indépendants l'examen des réclamations faites contre moi par les Liquidateurs, je consentais à payer tout ce dont je serais reconnu débiteur, et que je faisais l'abandon de ma créance, s'il était constaté que je fusse créancier.

Dans mon rapport à notre dernière assemblée, j'ai

énuméré les tentatives que j'ai faites pour obtenir cet arbitrage, et, puisque les Liquidateurs m'y obligent, je crois devoir reproduire cette partie de mon rapport que nul n'a osé contredire :

« L'acharnement des Liquidateurs vous paraîtra bien
» étrange, Messieurs,—Vous le comprendrez, lorsque vous
» saurez le but que nos Liquidateurs veulent atteindre :
» m'empêcher de défendre vos intérêts et m'obliger d'ac-
» cepter comme arbitre M. Riollet!

» Mais ma résistance est absolue à toute décision qui se-
» rait prise sans avoir été précédée d'un rapport fait par des
» arbitres offrant toute garantie d'indépendance.

» Pour vous, comme pour moi, je dois éviter à tout prix
» un nouveau rapport Monginot. Afin d'empêcher un sem-
» blable malheur, je ne reculerai devant aucune démarche,
» devant aucun effort ; j'y engloutirai mes dernières res-
» sources !

» Ma première tentative pour obtenir un règlement
» amiable date du 8 janvier 1862.

» J'écrivis aux Liquidateurs que je leur offrais de « sou-
» mettre l'examen de leurs prétentions à un tribunal
» arbitral, qu'*ils composeraient eux-mêmes*, en choisissant un
» membre dans le conseil d'administration de chacun des
» établissements suivants : le Crédit foncier, le Crédit mo-
» bilier, le Comptoir d'escompte, le Crédit industriel.

» Pas de réponse.

» Le 21 avril 1862, la Cour de Douai me rendait à la li-
» berté : j'offris aux Liquidateurs de confier au Tribunal de
» commerce la nomination des trois arbitres rapporteurs
» qui régleraient nos différends.

» Pas de réponse.

» En 1862, je renouvelai la même tentative par l'intermé-
» diaire de M. de Germiny.

» Rien.

» En mai 1863, M. le comte de Poret et M. le comte de
» Chassepot employèrent vainement leurs efforts pour faire
« agréer par nos Liquidateurs les propositions les plus avan-
« tageuses pour la Société.

» Elles ont été renouvelées par l'intermédiaire de M. De-
» nière, président du Tribunal de commerce, qui a également
» échoué !

» Enfin, à la barre de la Cour impériale, le 26 août der-
» nier, je proposais à nos Liquidateurs le même contrat.

» Devant la justice nos Liquidateurs ont persisté dans leur
» refus; ils ont répété qu'ils ne veulent pour unique arbitre
» que M. Riollet, attaché en cette qualité au Tribunal de
» commerce.

» Croyez-vous qu'en présence de refus aussi persistants je
» me sois découragé? Non, Messieurs. J'ai renouvelé mes
» efforts auprès de M. Riollet lui-même, pour obtenir qu'il
» s'adjoignît deux autres arbitres. Je n'ai pas été plus heu-
» reux. M. Riollet veut rester seul et unique arbitre entre
» nos Liquidateurs et moi. »

Voilà, Messieurs, quelle était la situation, lorsqu'a eu lieu notre assemblée du 6 février dernier.

Vos Commissaires vous ont raconté les vains efforts qu'ils ont faits à leur tour auprès de MM. Bordeaux et Richardière, pour obtenir leur concours dans l'arbitrage que vous avez accepté ; mais, ce qu'il faut que vous sachiez, ce qu'il faut que chacun sache c'est l'activité déployée par les Liquidateurs, *pour obtenir à tout prix*, fût-ce par défaut, *une condamnation*, qui leur permît d'invoquer une décision judiciaire pour vous tromper, et rompre l'harmonie qui nous unit.

Aussi ont-ils hâté la fermeture du rapport par défaut qu'ils faisaient faire par M. Riollet.

Armés de ce rapport par défaut, ils ont facilement obtenu du Tribunal de commerce un premier jugement par défaut ; puis, à peine y ai-je fait opposition, que, *sans même attendre vingt-quatre heures, j'étais assigné en débouté d'opposition.*

Cet empressement s'explique par cette circonstance, que les Liquidateurs savaient que le Tribunal arbitral fonctionnait et jugeait parallèlement les mêmes faits ; et ils voulaient empêcher que la vérité n'arrivât au Tribunal de commerce. Voilà pourquoi ils se hâtaient. Une seconde condamnation par défaut, faisant une sorte de figure de jugement contradictoire, devait leur permettre la petite manœuvre qu'ils ont employée à dessein de me déconsidérer dans votre esprit.

Mais la simple narration des faits suffit pour renverser tout cet échafaudage.

A l'audience du Tribunal de commerce où ce jugement par défaut a été rendu, l'avocat de vos Commissaires, Me Andral, joignant ses efforts aux miens, demandait, pour la première fois, une remise. Il disait « qu'il avait » le dossier tout récemment ; qu'il ne l'avait pas encore » suffisamment étudié. Il ajoutait qu'en pareille cir- » constance il était sans exemple qu'un Tribunal » eût refusé de remettre une affaire. »

Aux Liquidateurs, qui insistaient pour obtenir un jugement immédiat, il répondait : « Je me présente au » nom de plus de 1,400 actionnaires, porteurs de » 60,000 actions, et vous n'avez été nommés qu'à la » requête de trois actionnaires, porteurs ensemble de » 40 actions : vous n'êtes donc pas les véritables repré- » sentants des actionnaires... »

Enfin Me Nouguier, mon avocat, avait fait parvenir au Tribunal la lettre suivante :

*A M. Denière président du Tribunal de commerce.*

» Monsieur le président.

» M. Mirès m'a prié, et j'ai accepté, de plaider devant vous » la question du règlement de ses comptes avec son ancienne » société. — Cette question est soumise à des juridictions » qui procèdent parallèlement à son examen : au Tribunal » de commerce, qui a rendu un jugement par défaut, et à un » tribunal arbitral composé de MM. Berryer, Marie et Carré, » ancien conseiller à la Cour. Ce tribunal arbitral vient de » rendre une sentence qui prononce sur les trois questions » les plus importantes, et cette décision, si grave par le ca- » ractère de ceux qui l'ont rendue, sera nécessairement un » des éléments essentiels de la discussion qui devra s'agiter » devant vous. — Or cette sentence, je ne l'ai pas encore, » elle est sous presse, et je n'ai pu la méditer.

» Dans cette situation, une remise est absolument indis-

» pensable, et comme le Tribunal ne recherche que la vé-
» rité, je ne puis croire que votre justice me la refuse.

» D'un autre côté, une expertise confiée à des hommes » compétents a été ordonnée et doit comprendre les chefs » sur lesquels il n'a pas été possible de statuer immédiate- » ment. — Si, devant votre Tribunal, MM. les Liquidateurs » entendent insister sur les points déférés à l'appréciation » de ces experts, le débat ne pourra être complet, c'est-à- » dire loyal et utile, que lorsque cette expertise aura eu » lieu.

» Si, au contraire, MM. les Liquidateurs, comme ils en ont » manifesté l'intention aux Commissaires des actionnaires, » restreignent leurs prétentions aux points qui ont fait l'ob- » jet du jugement par défaut, je serai en mesure de leur » répondre, je l'espère, dans quinze jours, la sentence arbi- » trale à la main.

» Je viens donc, Monsieur le président, vous demander » une remise nécessaire, et ce sera la dernière si le débat » reste ainsi limité.

» La demande d'une provision déférée en ce moment au » Tribunal par M. Mirès est comprise dans la remise que » j'ai l'honneur, Monsieur le président, de réclamer de vo- » tre bienveillance.

» Daignez agréer, Monsieur le président, l'assurance de » mes respectueux sentiments.

» (*Signé*) Louis Nouguier.

» Lundi 30 mai 1864. »

Sans avoir égard à aucune de ces considérations, qui me semblent encore si puissantes, le Tribunal, faisant droit aux instances réitérées des Liquidateurs et jugeant par défaut, a rendu le jugement qu'ils vous ont adressé.

Vos intérêts, que je défends, ne me permettent pas de discuter actuellement les termes de ce jugement, que contredit dans toutes ses parties la sentence arbitrale rendue par MM. Berryer, Marie et Carré, sentence de laquelle il résulte que je suis créancier de la Société d'environ 4 millions.

MM. les Commissaires ont tout vu, tout examiné, et c'est après avoir acquis la conviction matérielle que je suis créancier de la Société, qu'ils vous ont adressé la Lettre publiée en tête de la sentence arbitrale.

Cette Lettre finit ainsi :

« M. Mirès reste encore créancier de 3,983,684 fr. » 12 c.

» Maintenant, Messieurs, quatre réclamations restent » à juger après expertise.

» M. Mirès affirme qu'elles sont aussi peu fondées » que les premières : nous aurons à nous prononcer » sur ces divers chefs et à prendre des conclusions » en votre nom, lorsque le travail des experts nous » sera connu.

» Mais comme ces réclamations ne représentent en- » semble qu'une somme d'environ 2 millions, alors » même qu'elles seraient mises à la charge de votre » gérant, ce dernier n'en restera pas moins le créancier » de la Société. »

Ces explications suffisent pour déjouer la tentative faite par nos Liquidateurs afin de surprendre votre bonne foi et altérer les sentiments de sympathie qui nous unissent.

§ 11

Je ne me serais pas étendu davantage sur les questions qui me sont personnelles, s'il ne s'était produit un fait très-grave pendant que MM. les Commissaires faisaient leur vérification. Ce fait contribuera à éclairer l'opinion publique et la magistrature sur le caractère des décisions que MM. Bordeaux et Richardière ont provoquées.

Je vous ai dit plus haut par quels moyens ils ont obtenu les arrêts rendus en janvier dernier par la Cour impériale de Paris. Je vous ai dit que ces mêmes moyens avaient été précédemment employés devant les tribunaux de première instance, et je vous ai fait remarquer que c'est par l'énoncé de faits faux qu'ils ont surpris la religion des magistrats.

Devant M. Riollet et le Tribunal de commerce, ce système était plus facile, puisque nos Liquidateurs n'y rencontraient pas de contradicteurs; et si j'en juge par la tentative qu'ils ont faite pour tromper vos Commissaires, il n'est pas douteux qu'ils ont usé auprès de

M. Riollet des mêmes procédés qui leur avaient si bien réussi devant les tribunaux civils.

## § III

Quoique MM. les Commissaires aient porté le même fait à votre connaissance, permettez-moi néanmoins de vous le redire, il exprime à lui seul tout le caractère, toute l'industrie, tout le but de la liquidation.

En décembre 1860, au moment où la souscription à l'Emprunt ottoman était ouverte, notre Société, pour relever son crédit, qui était atteint en même temps par des notes officielles et par la dénonciation Pontalba, achetait un certain nombre d'actions de la Caisse. Vous connaissez cette circonstance, si formellement reconnue et consignée par MM. Berryer, Marie et Carré, dans leur sentence arbitrale.

Ce point étant le plus important des prétentions des Liquidateurs, MM. les Commissaires ont voulu l'examiner au début de leurs vérifications.

C'est à ce moment que M. Bordeaux leur a déclaré *que ces actions avaient été achetées pour remplacer les actions des clients de la Société qui avaient été vendues par les gérants en* 1857 *et* 1858. Cette accusation est littéralement reproduite dans le rapport de M. Riollet.

Je demandai sur-le-champ des vérifications complètes. Grâce à l'activité, à l'insistance de vos Commissaires, un examen approfondi eut lieu immédiatement, et il fut établi d'une façon incontestable :

1° Que les actions de la Caisse dues aux clients s'élevaient au nombre de 9,032 ;

2° Qu'il y avait dans le portefeuille social, le 3 décembre 1860, avant qu'aucun achat eût été opéré, 10,080 actions.

Le fait allégué par M. Bordeaux était donc radicalement faux,

Voilà cependant d'après quelles déclarations M. Riollet a fait son rapport et le Tribunal de commerce a rendu deux jugements !

Ainsi, Messieurs, vous et moi, avons été traités de la même façon par les Liquidateurs. C'est en vertu de leurs fausses déclarations que les Tribunaux civils et le Tribunal de commerce nous ont condamnés !

## § IV

MM. Berryer, Marie et Carré, dans leur sentence arbitrale, n'ont jugé que les réclamations des Liquidateurs qui, par leur caractère, pouvaient être décidées sans examen des livres.

Pour les points qui restent à juger, MM. les arbitres ont ordonné une expertise des livres, et nommé trois experts comptables.

Les Arbitres, la Commission et moi, aurions voulu confier cette expertise à des chefs de comptabilité de nos grandes sociétés financières.

Des démarches faites auprès des chefs de comptabilité de la Banque de France, du Crédit industriel et du Comptoir d'escompte, pour obtenir leur concours, ont été favorablement accueillies; mais ces comptables demandaient l'autorisation préalable de leur administration, et elle ne leur a pas été donnée.

Quoi qu'il en soit, devant un obstacle qui n'avait pas été prévu, le choix de MM. les Arbitres s'est porté sur trois experts comptables étrangers aux administrations officielles, mais dont l'honorabilité et les lumières offrent sous tous les rapports des garanties complètes.

Dès que cette expertise sera faite, lorsque MM. les arbitres auront rendu leur décision sur les points soumis à la vérification des experts, alors je vous convoquerai.

Vous aurez à votre disposition les documents les plus complets pour apprécier ma gestion, vous saurez ce qu'elle a été, vous jugerez en connaissance de cause, et je crois, Messieurs, que ce jour-là mon dévouement à vos intérêts recevra la noble récompense qu'il a désirée.

# QUATRIÈME PARTIE

## MA FORTUNE

### I

Lorsque la plus haute magistrature d'un pays a frappé un homme dans son honneur, si l'offense est méritée, il doit s'incliner et se repentir, racheter son passé par une existence exemplaire, afin de reconquérir l'estime qu'il a perdue.

Si les magistrats se sont trompés, si une flétrissure a été par erreur infligée à un honnête homme, sa vie entière doit être consacrée à obtenir la réparation qui lui est due. Il peut faire le sacrifice de son existence et de sa fortune : il doit défendre son honneur jusqu'à son dernier soupir.

Qu'importe que l'offense ait été faite hors de sa présence, qu'elle ait eu pour prétexte ou excuse l'intérêt de la loi ! ces fictions sont puériles, l'honneur ne les admet pas ; que l'offense ait été directe ou indirecte, celui qui la subit en silence, la mérite !

Cette situation serait la mienne si je gardais le silence, si je laissais subsister dans les recueils judiciaires l'erreur commise par la Cour de cassation et qui porte la date du 28 juin 1862.

On me dit qu'il n'y a aucun recours possible. Telle n'est pas mon opinion : il n'y a pas de droit contre le droit, et cet axiome est ma sauvegarde pour l'avenir.

## § II

L'arrêt de la Cour de cassation dans l'intérêt de la loi opposerait à la réparation qui vous est due, un obstacle qui serait insurmontable, si un reproche quelconque pouvait peser sur moi, et si j'avais recueilli une fortune là où vous avez trouvé la ruine.

Un reproche ! nul ne peut le faire ; quant à ma fortune, sachez Messieurs, ce qu'il en a été, ce qu'il en est.

En septembre 1848, je suis devenu, à fort bon marché, l'un des propriétaires du *Journal des chemins de fer*, qui avait cessé de paraître depuis le mois de juillet.

J'ai acheté le journal *le Pays* en 1850.

J'ai acheté le *Constitutionnel* en novembre 1852.

J'ai fondé la Caisse des actions réunies en 1850 et je l'ai liquidée en 1853 par le remboursement du capital, après avoir distribué 96 pour 100 aux actionnaires.

En 1853, j'ai vendu à M. Blaise, le *Journal des Chemins de fer* et la maison de banque que j'avais fondée.

A cette même époque cessa la société de fait qui existait entre M. Millaud et moi. Les actes passés alors prouvent que nous possédions chacun une fortune de quatre millions.

Cette situation a été constatée dans l'instruction judiciaire.

Indépendamment de ces quatre millions, j'étais propriétaire de la direction politique et de la gérance des journaux *le Constitutionnel* et *le Pays*.

## § III

Les quatre millions que je possédais étaient représentés par les deux immeubles de la rue Neuve-des-Mathurins 37 et 39. L'une de ces propriétés achetée un million, l'autre 450,000 francs. Le reste en diverses valeurs mobilières.

Pendant sept années, j'ai eu un revenu de plus de 200,000 francs, et je dépensais à peine 60,000 francs par an.

De sorte qu'en ajoutant aux quatre millions, et à la propriété des journaux *le Constitutionnel* et *le Pays* :

1° La plus-value acquise par les deux immeubles;

2° Sept années d'économies sur un revenu de plus de deux cent mille francs, il en résulte que ma fortune devrait s'élever à huit millions.

Or elle est aujourd'hui réduite aux deux immeubles de la rue Neuve-des-Mathurins, n[os] 37 et 39, dont l'un a été donné en dot à ma fille la princesse Alp. de Polignac, l'autre est saisi par les Liquidateurs.

Voilà l'unique débris de la fortune que l'envie faisait si monstrueuse, voilà la fortune qui a excité tant de passions.

Je sais bien que la calomnie élèvera la voix pour contester la vérité de mon langage; mais ceux que la passion n'aveugle pas, se souviendront que, créancier de la Société, de sept millions, cette somme a été engloutie dans notre catastrophe ; et enfin cette réflexion se présentera à l'esprit de tous : lorsque rien ne m'oblige à de tels aveux, les publier serait insensé de ma part si je pouvais être contredit !...

Ma créance et les versements que j'avais opérés dans la caisse sociale, après la descente judiciaire du 15 décembre, constituaient tellement l'intégralité de ma fortune que, dans la cellule de Mazas, j'étais littéralement sans ressources pour défendre mon honneur.

L'amitié me vint en aide.

Un homme que j'aime et vénère, dont l'amitié a été une de mes grandes consolations avait désiré s'intéresser dans une petite affaire qui lui était particulièrement connue. Cet ami m'avait emprunté pour cet objet, en 1859, une somme de 150,000 francs.

Dès qu'il connut l'affreuse situation où j'étais réduit et l'étrange embarras dans lequel je me trouvais, il rompit l'association qu'il avait formée et me remboursa.

Voilà, Messieurs, comment j'ai pu suffire à mes premières dépenses.

Quand on se résigne à publier de telles confidences, on ne doit rien dissimuler, et j'ai dit à vos Commissaires le nom de l'ami qui m'a rendu ce service immense.

Mais cette somme n'a pu suffire aux dépenses auxquelles j'ai dû pourvoir, notamment depuis l'arrêt de la Cour de Douai.

Ces dépenses, Messieurs, se sont élevées ensemble, à plus de 500,000 francs, et j'y ai suffi en vendant, moyennant 400,000 francs, à M. Grandguillot, la gérance et la direction politique des journaux *le Constitutionnel* et *le Pays.*

Cette somme de 550,000 fr. que j'ai pu ainsi réaliser, je l'ai employée en totalité à la défense de mon honneur et de vos intérêts.

Vous le savez, Messieurs, voilà bientôt quatre ans que la lutte est engagée, et pendant cette période l'importance des procès que j'ai subis, les frais de publicité et d'impression que j'ai dû faire ont été bien considérables !

Au mois de mai 1862, lorsque j'ai entrepris, uniquement dans votre intérêt, une opération financière de 200 millions, M. de Salamanca voulut bien mettre à ma disposition la maison où avait été le siége de notre Société, maison qu'il a acquise de nos Liquidateurs.

Mais pour la rendre habitable, il fallait faire de très-grosses dépenses, car les Liquidateurs l'avaient laissée dans un état de dégradation inouï.

Quant au mobilier, il avait été transporté dans les salles des commissaires-priseurs et vendu à vil prix ; il fallut donc le renouveler en totalité.

En résumé, les dépenses que j'ai faites dans votre intérêt et pour ma défense , s'élèvent ensemble à environ 600,000 fr.

J'ai remis dans les mains de votre Commission, la justification de ces dépenses.

Cet exposé vous fait connaître, Messieurs, que mes ressources sont épuisées. Dans ces derniers mois j'ai sollicité du Tribunal de commerce l'autorisation, à titre de provision, de retirer de la Caisse des dépôts et consignations une somme de 270,000 francs, provenant de l'indemnité que la Ville m'a payée, pour l'expropriation d'une partie de ma propriété de la rue Neuve-des-Mathurins, n° 39.

Cette somme de 270,000 francs, l'unique ressource dont je puisse disposer, a été saisie par nos Liquidateurs, et ils s'opposent à ce qu'elle me soit délivrée.

Si vous considérez que la presque totalité de mes dépenses a pour but la défense de vos intérêts ; que c'est à ma seule intervention que nous devons l'admission de nos pourvois par la Cour de cassation, vous conviendrez que j'aurais pu justement réclamer une provision sur la somme disponible que nos Liquidateurs détiennent.

Je ne l'ai pas fait, je n'ai demandé à toucher que ce qui m'appartenait personnellement; cependant, je n'ai rien pu obtenir du Tribunal de commerce, par suite de l'opposition que nos Liquidateurs ont faite à ma demande.

Le but que poursuivent nos Liquidateurs c'est, vous le comprenez, l'anéantissement de mes ressources. Ils espèrent ainsi mettre un terme à la lutte que j'ai engagée. Ils croient que mon honneur succombera et qu'ils échapperont aux responsabilités qu'ils ont encourues.

Ils se heurtent à des sentiments plus forts qu'eux. La lettre suivante, que j'ai reçue de ma fille, sera un avertissement pour eux, en même temps quelle est une consolation pour moi. Pour la défense de mon honneur, tout ce qui appartient à ma famille périra s'il le faut.

« Cher père, voici encore une condamnation ! Le
» Tribunal de commerce te refuse le temps de te dé-
» fendre, comme d'autres t'ont refusé une expertise
» contradictoire ! Espère-t-on te lasser? L'expérience
» aurait dû leur apprendre que ton courage ne faiblit
» pas; ils t'ont ruiné et ils espèrent peut-être que tes
» ressources épuisées t'empêcheront de continuer la
» lutte que tu as entreprise pour faire triompher la
» vérité et la justice.

» Ils oublient que le malheur qui m'a frappée m'a » rendue maîtresse de la fortune que tu m'as donnée ; » elle sera consacrée à ta défense, dût-elle disparaître » dans le gouffre, ton honneur n'y tombera pas !

» Soutiens ta juste cause, appuyé sur ta fille pleine » de respect, de dévouement et de tendresse !

» AMÉLIE

« 6 Juin 1864. »

## CONCLUSION

Je me suis appliqué, dans ce long rapport, à bien mettre en lumière vos droits à une réparation. Comment l'obtiendrez-vous ? Je ne le sais pas.

Mais il suffit que la réparation soit reconnue juste, pour être aussitôt proclamée nécessaire. Alors elle sera possible, c'est à dire accomplie.

Le commencement de la réparation, Messieurs, c'est la faculté pour vous de reprendre le gouvernement de vos affaires, de les confier à qui vous voudrez, c'est la faculté pour moi de pouvoir accepter votre mandat, de pouvoir travailler à reconstituer votre capital.

Je ne dirai pas ce que je compte faire pour reconquérir ce lourd capital de 40 à 50 millions. Je ne pourrai que présenter des idées qui n'ont pas reçu peut-être leur dernière forme, et qui d'ailleurs ne seraient plus à moi dès que je les aurais divulguées.

Je ne suis pas, du reste, dans une condition normale. De légitimes craintes balancent la faveur avec laquelle mes projets pourraient être accueillis. Mais lorsque des signes qui ne trompent pas m'auront averti et auront averti tout le monde qu'enfin l'opinion a triomphé, qu'il n'y a plus de parti pris contre nous ni contre moi, plus d'embûches, plus de coups violents à redouter ; qu'au contraire l'œuvre de la réparation est désirée et favorisée, alors, Messieurs, je crois sincèrement qu'aussitôt nous pourrons prendre un grand essor dont nous ne serons pas seuls à profiter.

Et j'ajoute que ces dispositions, qui nous sont si nécessaires, ne peuvent tarder à se manifester, parce que nos malheurs sont immérités, parce que notre cause est juste et que bientôt tout le monde en conviendra.

Non, il n'est pas possible, Messieurs, qu'un homme puisse dire ce que je vous ai dit, ce que vous avez entendu, et qu'il n'en résulte rien de favorable pour vous. Ce n'est pas votre intérêt seulement, un intérêt d'humanité, déjà si considérable, c'est l'intérêt de la justice, l'intérêt et la sécurité de toutes les affaires, c'est l'intérêt même de la société qui exige qu'on mette un terme à la situation qui nous est faite.

Pour pourvoir au plus pressant, il faut obtenir la retraite des mandataires judiciaires qui trônent chez nous, malgré nous, contre nous, au mépris de l'arrêt souverain de la Cour de Douai. Vous n'avez rien de plus à faire pour le moment.

Sans doute, cette retraite peut vous être refusée. Vous n'avez pas demandé ces Liquidateurs, vous ne les avez pas acceptés, vous ne pouvez pas les renvoyer. Mais votre vœu sera puissant. Après les faits véritablement énormes que je vous ai signalés, en présence des désastres accumulés par cette gestion tout au moins inintelligente, si elle n'est pas coupable, je ne crois pas que l'inconcevable crédit des Liquidateurs puisse prévaloir contre nos droits et la justice évidente de vos réclamations.

Si cependant notre attente est encore trompée, si les Liquidateurs restent maîtres chez nous, eh bien, Messieurs, il faut le dire d'avance, ce sera probablement fini. Cette longue agonie d'une société si prospère et si barbarement frappée, s'achèvera par ce dernier coup. La ruine sera consommée, absolue, sans retour. L'arbre a été coupé, la racine sera arrachée, vous ne vous relèverez pas.

Vous perdrez les diverses sommes qui vous restent dues, vous n'obtiendrez même pas de rectifier les erreurs commises à votre préjudice par l'indifférence et l'apathie de ceux qui étaient chargés de vous protéger.

Mais, je me hâte de le dire, cette éventualité, me paraît si excessive, elle insulte si violemment au droit, à l'infortune, à l'ordre social même, elle écraserait si durement des réclamations trop manifestement justes et fondées, qu'elle ne peut être admise.

Vous obtiendrez justice, Messieurs, j'en ai la conviction profonde, ayez la même confiance, armez-vous contre toute défaillance et bientôt nous serons tous récompensés de notre foi dans le triomphe de la vérité.

---

Paris. — Imp. Vallée, 15, rue Breda.

www.ingramcontent.com/pod-product-compliance
Ingram Content Group UK Ltd.
Pitfield, Milton Keynes, MK11 3LW, UK
UKHW020934180726
13838UKWH00002B/933